AF475427

CONSIDÉRATIONS

SUR

LA POLITIQUE,

ET SUR

LES CIRCONSTANCES ACTUELLES.

CONSIDÉRATIONS

SUR

LA POLITIQUE,

ET SUR

LES CIRCONSTANCES ACTUELLES.

A PARIS,

CHEZ
DENUGON, Imprimeur-Libraire, rue Pot-de-Fer, n° 14;
ALEXIS EYMERY, rue Mazarine, n° 30;
DELAUNAY, au Palais-Royal, galerie de bois.

1820.

CONSIDÉRATIONS

SUR

LA POLITIQUE,

ET SUR

LES CIRCONSTANCES ACTUELLES.

QUELQUES personnes ont pensé que la création de nouveaux pairs nommés par le Roi dans une circonstance assez récente, tendait à compromettre l'existence de la Chambre haute. Nous ne pouvons partager cette opinion. Les nouveaux pairs, outre le pouvoir individuel qu'ils apportent en commun, et qui résulte de leur fortune et de leur considération personnelle, prendront bientôt, par la seule force des choses, l'esprit aristocratique de l'assemblée qui les a reçus dans son sein. Il résulte de là que si le Gouvernement a créé de nouveaux pairs pour changer la majorité de la Chambre, il s'est livré à une mesure fausse et qui ne peut avoir qu'un résultat momentané.

Bien des gens s'alarmeront peut-être; ils craindront qu'une résistance obstinée de la part de la Chambre aristocratique ne mette l'État en péril. Croyons-en Montesquieu :

« La modération est l'attribut de l'aristocratie.
» L'aristocratie, à raison de sa faiblesse numé-
» rique et de ses grandes propriétés, est inté-
» ressée, plus que les autres pouvoirs de l'Etat,
» à prévenir les agitations et les troubles. Dans
» son opposition, elle saura toujours s'arrêter à
» temps, et appréhendera au dernier point tout
» ce qui pourra la mettre aux prises avec le pou-
» voir populaire. »

Sans citer en preuve de ce que nous avançons la récente conduite de la Chambre des Pairs, nous rappellerons avec quelle facilité, à l'époque de la révolution, les nobles ont renoncé à leurs priviléges, et ont mieux aimé se condamner à l'exil que d'essayer la moindre résistance contre un ordre de choses qui anéantissait leur existence politique. L'aristocratie, à raison de sa constitution mixte, tenant de la royauté par ses honneurs, du tiers-état par ses possessions territoriales, n'est point faite pour résister à l'un ou à l'autre de ces deux pouvoirs, mais pour s'interposer entre eux. En effet, il n'y a que ce qui est un et simple de sa nature qui résiste. Chaque fois que l'aristocratie déploie des forces et prend une attitude hostile, soyez sûr que ces forces ne sont pas les siennes, et qu'elle a pour elle le Roi ou le peuple, ou, enfin, un appui quelconque au-dehors ou au-dedans; car par elle-même elle ne peut rien que pacifier et concilier. Elle peut aussi aigrir; mais alors elle oublie sa destination. En aucun cas, elle ne doit agir; car, pour elle, c'est tenter l'impossible; aussi l'a-t-on vue succomber dans toutes les entreprises qu'elle a voulu exécuter par ses propres forces. Quand on la voit prendre ce parti désespéré, elle est à ses derniers momens et prête à périr. Loin de lui faire un crime de ce simulacre de résistance, on doit la plaindre et blâmer les deux autres pouvoirs d'avoir, par quelque motif que ce soit, compromis l'existence du pouvoir intermédiaire qui les départage.

Observons ici que tout ce que M. Constant a dit dans ses *Elémens de politique constitutionnelle*, du pouvoir neutre de la royauté, pouvoir essentiellement actif, est de la plus exacte vérité appliqué à l'aristocratie, véritable pouvoir neutre de la société, destiné par sa nature à départager les autres pouvoirs; disons plus, non-seulement l'aristocratie est un pouvoir neutre, mais elle est encore un pouvoir intermédiaire et dépendant; dépendant du trône, qui lui confère ses prérogatives, l'associe à son hérédité, le comble de ses faveurs; dépendant du peuple, au milieu duquel elle prend racine, et dont tous les intérêts qui se rattachent à la propriété sont les siens.

L'aristocratie n'est un pouvoir indépendant que dans les gouvernemens purement aristocratiques.

Une observation empêchera de se méprendre sur le sens des réflexions qui précèdent. Je n'entends point par *aristocratie* l'ancienne noblesse ni la nouvelle; je définis l'aristocratie, l'influence qu'exercent sur le Gouvernement les individus de la nation les plus marquans par leurs propriétés, leurs talens, leur fortune ou leur considération. L'aristocratie existe partout, dans tous les pays et chez tous les peuples; mais elle n'est pas partout organisée. Son organisation dépend de deux conditions essentielles. Les membres qui la composent ou la représentent, réunis en assemblée, doivent participer directement au pouvoir. Il faut que leurs biens soient inaliénables, et qu'ils ne puissent les transmettre en héritage qu'aux aînés de leurs enfans. L'aristocratie étant plus faible que la démocratie, sa constitution, comme corps politique, doit être forte, et la plus forte possible. La démocratie étant plus forte matériellement que l'aristocratie, la détruit infailliblement chaque fois qu'on les réunit ensemble dans le même corps. Les parlemens et les diverses assemblées délibérantes qui se sont succédées en France pendant la révolution, offrent de grandes preuves de cette importante vérité. Il est un certain état de société et de civilisation où c'est beaucoup pour l'aristocratie, même quand elle est bien organisée, de résister au pouvoir démocratique.

Du temps de la féodalité, non-seulement l'aristocratie était organisée, mais elle existait par ses propres forces, indépendante du pouvoir royal qu'elle faisait souvent trembler. Depuis Louis XIV, cessant d'exister comme pouvoir indépendant, elle se répandit dans l'Etat, dans l'Administration, dans les Parlemens, dans le Clergé. Il en fut de même de la démocratie, qui remplaça le *servage*, et dont la naissance date de la chute de la féodalité. Mais dans le principe, son influence presqu'insensible était bien inférieure, sous tous les rapports, à celle de l'aristocratie. Cependant mêlée avec celle-ci, qu'elle trouva sans organisation, elle la comprima bientôt et finit par l'étouffer. Il n'y eut plus alors que deux pouvoirs dans l'Etat. Dès cet instant, lutte entr'eux jusqu'à ce que le plus fort eût détruit le plus faible. Voilà la révolution. Le pouvoir démocratique resté seul maître du champ de bataille, s'acharna avec fureur sur le cadavre des vaincus, et dispersa, si l'on peut s'exprimer ainsi, jusqu'à leurs cendres. Poussant tout à l'excès, parce qu'il ne trouvait de bornes et de résistance nulle part, quoiqu'il trouvât des contradictions partout, il tomba de précipice en précipice sans jamais parvenir à s'affermir. Quand on est jeté hors de son assiette, par une commotion quelconque, il serait impossible de reprendre sa position naturelle si l'on s'obstinait à ne pas s'appuyer sur un point fixe. Qu'on me pardonne cette comparaison vulgaire, mais qui ne me paraît pas dénuée de justesse. Après des essais aussi sanglans qu'inutiles, la nécessité de défendre la France contre les agressions du dehors, créa forcément ce point fixe. Je veux parler du pouvoir militaire. Bientôt les désordres de l'intérieur, devenus intolérables, firent entrer ce pouvoir dans l'Etat, et un guerrier couronné des palmes de la victoire, s'assit sur le trône des rois. On fut sauvé de l'anarchie; mais il n'y avait que deux pouvoirs dans l'Etat. En pareil cas, on avait eu déjà démocratie et anarchie; cette fois, il y eut despotisme. L'action du pouvoir le plus fort n'était tempérée ni arrêtée par rien; il ne restait à l'autre que l'unique ressource de se soumettre. Quand deux hommes, qui prétendent à la possession du même objet, sont incessamment en présence, il est impossible qu'ils n'aient pas la tentation d'éprouver leurs forces, et qu'une lutte ne s'engage pas entr'eux. Celui qui obtiendra l'avantage voudra rester maître, et jouir sans partage du fruit de sa victoire. C'est dans la nature de l'homme. Supposez un tiers plus faible que les compétiteurs, mais qui s'intéresse à la conservation de tous les deux; il s'interposera entr'eux, les conciliera, étouffera les différends, fera régner la paix. L'absence de cet heureux intermédiaire laissait dans le Gouvernement un vide immense. Buonaparte, lassé plus d'une fois du fardeau de l'arbitraire, dont il sentait tout le danger, tenta à plusieurs reprises de fonder l'aristocratie; témoin, le Sénat à vie, les Sénatoreries, la Légion-d'Honneur, les titres de noblesse, les majorats. Mais ce ne furent là, si l'on peut s'exprimer ainsi, que des créations imparfaites, et auxquelles manquait le souffle de vie, je veux dire l'hérédité, et, avec elle, l'indépendance qui en est la suite. Le Sénat, loin d'être un pouvoir politique, n'était qu'une réunion de fonctionnaires salariés. Dès lors plus de mouvement qui lui fût propre. Aucun intérêt direct et immédiat à la conservation de l'Etat; mais un intérêt puissant à la conservation des faveurs du prince. De quel poids un tel corps pouvait-il être dans la balance politique?

Le Sénat, dépourvu de racines, disparut avec celui qui l'avait créé. Sa chute ne coûta pas un regret à la nation, qui ne voyait en lui qu'un instrument de despotisme.

Après trente ans de troubles et de révolutions, nous voyons enfin le pouvoir aristocratique et le pouvoir démocratique organisés, et c'est à Louis XVIII qu'appartient l'honneur de cette double création, que réclamaient impérieusement les besoins de la société.

Une politique sévère serait peut-être en droit de lui adresser un reproche, d'avoir élevé à la pairie naissante trop d'individus dénués de fortune et d'influence, et qui n'apportaient aucune force ni aucune considération réelle au corps dont ils allaient faire partie. La création d'un pair qui ne possède ni biens ni talens éminens, et qui ne tire son existence que d'une pension, n'ajoute aucune force ni à la royauté ni à la pairie; et maintenant, comme en 1814, ce sont les deux points faibles de notre organisation politique. Une Chambre des Pairs dont une partie des membres sont pensionnés par l'Etat, sera plus obéissante, j'en conviens; mais ce n'est pas par la soumission qu'un corps politique doit servir le Roi, c'est en vertu de ses propres intérêts. La doctrine d'Helvétius, d'une fausseté révoltante en morale, est en politique d'une vérité frappante. Au surplus, rien n'empêche que les intérêts et les affections soient réunis; mais on ne peut se dissimuler qu'en s'assurant des premiers, on est toujours plus sûr des seconds. Enfin, je le demande, un corps destiné à faire contre-poids entre deux autres, peut-il remplir convenablement sa destination s'il ne possède aucune force qui lui soit propre? Lorsqu'un pareil état de choses existe, il n'y a que deux pouvoirs dans l'Etat, et l'on sait que c'est une source de dissensions et de désordres.

Nous croyons avoir prouvé que la Chambre des Pairs, ou le pouvoir aristocratique considéré comparativement aux autres pouvoirs, a très-peu de force réelle, mais qu'il est susceptible d'avoir une très-grande puissance morale, qui varie suivant les époques. Il en résulte qu'il faut composer la Chambre des Députés d'élémens qui ne soient pas antipathiques ou de nature opposée à ceux qui forment la Chambre des Pairs. Sans cela on s'expose à voir détruire l'édifice social. En effet, une lutte s'engagera bientôt et le résultat n'en sera pas incertain; car chaque fois qu'on attaque l'aristocratie, et qu'on en appelle contre elle à la force, elle est perdue. Il arrive alors dans l'Etat précisément ce qui arriverait dans un tribunal où les parties attenteraient à la personne des juges, et prétendraient s'en passer. Pour que le pouvoir aristocratique se maintienne, il faut que les autres pouvoirs aient intérêt à sa conservation et la désirent. Renversé, il tend sans cesse à se réorganiser, et chacune des formes imparfaites qu'il revêt, et à laquelle il ne peut s'arrêter, est pour l'Etat une source de souffrances et de désordres, à moins que le despotisme n'assure la tranquillité publique en comprimant toutes les volontés.

Il n'est pas indifférent que la classe élevée participe à l'élection des députés dans une plus grande proportion que la classe moyenne, ou la classe moyenne dans une plus grande proportion que la classe élevée. Dans ces deux cas, les intérêts des propriétaires seraient défendus avec le même zèle; mais dans le premier ils seront défendus dans un esprit de distinction; dans le second, dans un esprit d'égalité. Ainsi, des députés élus par la classe élevée, ne seront point animés d'un esprit de haine contre les majorats, les distinctions, les titres de noblesse, l'avancement militaire par faveur, etc., etc. Telles seront au contraire les dispositions qui prévaudront parmi des députés que la classe moyenne aura choisis. Mais entre les deux assemblées dont nous parlons, il y a toute la distance qui sépare la république de la monarchie; car, s'il faut en croire Montesquieu, autorité irrécusable en pareille matière, le principe de l'une est l'esprit d'égalité, celui de l'autre, l'esprit de distinction. C'est ce que nous aurons occasion de développer plus amplement dans la suite; mais auparavant, il convient de s'expliquer davantage sur ce qui précède.

L'*aristocratie* se compose de la réunion de ceux qui, ne se livrant à aucun travail lucratif, possèdent des biens-fonds d'un revenu assez considérable pour qu'après avoir pleinement pourvu à tous leurs besoins, il leur reste encore un excédant à dépenser.

J'appelle *classe élevée* la réunion de ceux qui ont un revenu suffisant pour vivre en se dispensant de travailler, mais sans qu'il leur reste d'excédant; en sorte que si les gens de cette classe continuent à se livrer à une profession quelconque, ce n'est nullement par nécessité, mais uniquement pour se procurer le superflu. Cette classe est encore désignée sous le nom de *riches*.

La *classe moyenne*, ou intermédiaire, ou le tiers-état, est formée de ceux qui vivent en partie de leurs revenus et en partie de leur travail.

La *classe inférieure* ou les prolétaires sont ceux qui n'ont pour subsister d'autre ressource que leur travail. En général, on appelle *tiers-état* la classe moyenne de la nation; il arrive souvent qu'on comprend encore sous cette dénomination ce que nous avons appelé la classe élevée, ou la réunion des citoyens qui jouissent d'un revenu suffisant pour vivre sans avoir besoin de travailler. D'autrefois au contraire, on confond la classe élevée avec l'aristocratie, et alors on les désigne ensemble, assez communément, sous le nom de *classes supérieures*. En réalité, l'ordre de citoyens dont il s'agit, se trouvant justement placé à égale distance de l'aristocratie et du tiers-état, participe à la fois de tous les deux, et peut être considéré, à volonté et sans inconvénient, comme faisant partie de l'un ou de l'autre. Soit donc qu'on place cet élément politique du côté de l'aristocratie, soit qu'on le place du côté du tiers-état, la justesse des conclusions qu'on pourra tirer n'en sera nullement altérée. On sentira, d'après ce qui vient d'être dit, combien il est naturel et important que dans les Gouvernemens représentatifs la classe élevée soit appelée à jouer un rôle prépondérant dans la défense des intérêts généraux. Cette vérité est généralement admise sans opposition puisque les lois qui règlent les conditions pour être élu député, n'admettent à remplir ces fonctions que les personnes qui appartiennent à la classe de citoyens que nous venons de désigner. Aucune plainte, aucun murmure, aucune observation ne s'est élevée à cet égard, et cette considération nous paraît être d'un grand poids; car en fait d'institutions politiques, tout ce qui est adopté et pratiqué sans contestation, peut être, à bon droit, regardé comme fondé en raison et en justice. Dans un instant, nous essaierons de prouver que l'esprit qui anime une assemblée, résulte plutôt des dispositions de ceux qui l'ont nommée, que de celles de la classe des éligibles.

Quand un seul individu exerce la souveraineté, c'est-à-dire, quand il est par lui-même l'autorité la plus éminente de l'Etat, la forme du Gouvernement est *monarchique;* quand l'autorité est entre les mains des classes supérieures, la forme du Gouvernement est *aristocratique*; quand elle est entre les mains des classes moyennes, le Gouvernement est alors ce qu'on appelle une *république*; enfin quand l'autorité descend entre les mains des prolétaires, cet Etat politique constitue la *démocratie*.

En général tout Etat, et en particulier tout corps politique quelconque, devient républicain d'aristocratique qu'il était, quand le nombre de ses membres tirés des classes intermédiaires excède le nombre de ses membres fournis par les classes supérieures. L'Etat est plus républicain ou plus aristocratique, selon, qu'en un sens ou dans l'autre, la différence est plus ou moins forte.

Un Etat républicain approche de la démocratie du moment que les prolétaires y sont membres actifs du corps politique. Aussitôt que le nombre de ces derniers excède celui des citoyens jouissant des mêmes droits, et appartenant tant à la classe supérieure qu'à la classe intermédiaire, la république n'existe plus, la démocratie a pris sa place.

Les observations qui précèdent nous paraissent également vraies, soit que la classe supérieure, les classes intermédiaires et les prolétaires composent le Gouvernement et l'administration dans les proportions que nous avons indiquées successivement, soit qu'ils n'aient seulement que le droit d'élire et de nommer aux fonctions publiques. En effet, une proposition qui nous paraît certaine, c'est que le député représente toujours fidèlement les opinions et les volontés de ceux qui l'ont nommé; et sous ce rapport on pourrait dire, en termes plus généraux, que, dans les élections, la nature des choix dépend des qualités des électeurs, et non des conditions d'éligibilité. Pour que ceci cessât d'être exact, il faudrait ou que l'élection ne fût pas directe, ou que les conditions d'éligibilité fussent restreintes de manière à être tout-à-fait illusoires, ou enfin que le droit d'élire ne fût pas également réparti parmi tous ceux qui en jouissent. Bien des gens s'imaginent que les conditions d'éligibilité suffisent pour assurer de bons choix. C'est une erreur; car si les électeurs sont infectés de mauvais sentimens, ils sauront bien trouver dans la classe des éligibles un nombre suffisant de députés qui partagent leurs opinions et leur manière de penser. On objectera qu'en vertu des conditions d'éligibilité, les députés devant être possesseurs d'une fortune considérable, leur propre intérêt est une garantie suffisante qu'ils ne chercheront pas à troubler l'État. Appliquant le même raisonnement aux électeurs, on prétendra que pourvu que ceux-ci soient uniquement pris parmi les propriétaires, ils feront de bons choix, et seront animés d'excellentes intentions; car, dira-t-on, quel est l'homme qui possède quelque chose et qui ne désire pas en jouir paisiblement?

Je conviens que du moment où les députés seront propriétaires, ils défendront les droits de la propriété avec chaleur et avec zèle, tant contre les demandes du Gouvernement que contre les prétentions des prolétaires. Mais en est-ce assez pour assurer la tranquillité publique et conserver la forme politique de l'Etat? Nous avons vu précédemment qu'il y avait deux manières différentes de défendre la propriété; qu'elle pouvait être défendue dans un esprit d'inégalité et de distinction, ou dans un esprit d'égalité. La première manière est propre à la monarchie, la seconde à la république. Si, dans une monarchie, vous établissez une manière républicaine de défendre la propriété, ou dans la république, une manière monarchique, vous introduisez dans l'Etat deux principes différens; or, du moment où il existe dans l'Etat deux principes différens, ils ne cessent de se combattre que lorsque l'un a détruit l'autre.

Si, dans la monarchie, les classes intermédiaires nomment à la députation dans une pro portion moins forte que la classe supérieure, leurs députés, toujours en minorité, constitueront ce qu'on appelle *l'opposition*, dont les efforts opiniâtres et impuissans forment un des phénomènes les plus remarquables du Gouvernement représentatif.

Si, dans la république, les prolétaires participent à la nomination des députés ou des magistrats, dans une moindre proportion que les autres classes, les députés qu'ils auront nommés constitueront également une opposition.

Dans la monarchie, l'opposition est républicaine, c'est-à-dire, qu'elle travaille à égaliser les propriétés et à conférer les mêmes droits, sans distinction, à tous les propriétaires quelconques. Dans la république, l'opposition est démocratique, c'est-à-dire, qu'elle tend à établir parmi tous les citoyens l'égalité absolue, et à dépouiller les propriétaires d'une partie de leurs terres, pour la distribuer aux prolétaires.

Si, dans une monarchie, l'opposition prenait le dessus, c'est-à-dire, si les classes intermédiaires nommaient plus de députés que la classe supérieure, ou, en termes généraux, acquéraient plus d'influence, on tomberait en république.

Si, dans une république, l'opposition prenait

le dessus, c'est-à-dire, si les prolétaires nom maient plus de députés que les autres classe de l'État, ou, ce qui revient au même, s'ils ac quéraient plus d'influence, on tomberait dan la démocratie.

Certaines républiques offrent à la fois un double opposition, l'une démocratique et l'au tre aristocratique. La première cherche à en traîner l'État vers les institutions démocrati ques, l'autre s'efforce de le faire remonter à l forme aristocratique ou monarchique. La ré publique tiraillée ainsi en sens contraire, es en proie à des oscillations perpétuelles.

Placée dans une agitation vague et continuelle elle ne peut prendre d'appui et de repos null part. Quelquefois un membre de l'oppositio aristocratique, soit qu'il se trouve à la tête d l'armée, ou qu'il soit revêtu d'une grande ma gistrature, soit enfin, qu'il prenne sur lui d s'ériger en défenseur d'une partie de la natio dont il flatte les espérances, la cupidité ou le souffrances, porte violemment l'État dans l sens aristocratique, et fait régner la terreu pour donner ou rendre l'ascendant à la class supérieure. D'autres fois, c'est un membre d l'opposition démocratique, qui, placé dans le mêmes circonstances, joue le même rôle e sens contraire. Il nous semble que nous venons de tracer l'histoire et les causes des guerres civiles de Rome, et des luttes sanglantes qui régnèrent entre Marius et Sylla. C'étaient moins deux ambitieux qui se disputaient ensemble, que deux formes de gouvernement, si l'on peut s'exprimer ainsi, dont l'une cherchait à renverser l'autre. Tout état qui en est arrivé à ce point là est à la veille d'éprouver un grand changement ou une révolution. En France, on vit également sous le régime du Directoire, une double opposition, et l'état se trouva dans une situation à peu près semblable à celle où était Rome, à l'époque dont nous venons de parler. Heureusement la France n'eut ni Marius, ni Sylla, ni Pompée, ni Crassus, elle n'eut des triumvirs que pour la forme. La république n'avait pas jeté dans le sol d'assez profondes racines pour qu'il fallût tant d'efforts pour l'extirper, et les Français, rendus enfin à la monarchie, purent respirer un instant à l'ombre de l'autorité unique de César.

Il est de l'esprit de la monarchie et de l'aristocratie, de laisser le propriétaire jouir de ses biens d'une manière absolue. Non-seulement il en est maître de son vivant, mais il peut pour l'avenir en disposer arbitrairement, les rendre immeubles dans sa famille, en exclure tels ou tels de ses enfans, les fixer sur la tête d'un seul. Enfin, dans le cas où la nécessité le contraindrait à les aliéner, se réserver, pendant un certain temps la faculté d'y rentrer, en remboursant le prix d'achat.

L'esprit de la monarchie et l'esprit de l'aristocratie sont sur tous les points absolument identiques, sauf le cas, où, se livrant à une ambition désordonnée, le prince voudrait exercer sur les grands propriétaires une autorité tyrannique, ou ceux-ci usurper en entier le pouvoir et faire du Roi leur esclave. Ainsi, entre co-associés les intérêts sont identiques, hors le cas où l'un d'entr'eux aspirerait à dominer sur ses collègues.

L'observation que nous venons de faire s'applique surtout à la France, où, par la force des choses, le possesseur du plus grand fief se trouva porté sur le trône; elle s'applique encore à l'Angleterre, où la noblesse, après avoir renversé un roi qui lui déplaisait, en appela un de son choix.

En ce moment, nous ne parlerons de la féodalité, que pour remarquer qu'il faut bien se garder de la confondre avec l'aristocratie. La féodalité est la suite et l'abus du droit de conquête;

l'aristocratie, l'influence politique de la propriété dans une proportion relative à son étendue, sans privilége ni exclusion pour personne; la féodalité est l'ouvrage passager de la force et de la violence; l'aristocratie, au contraire, tend à s'établir partout par la seule nature des choses, et il n'est pas de société, quelle qu'elle soit, où elle n'existe d'une manière apparente, mais à la vérité dans un état plus ou moins développé. Dans tous les Gouvernemens de l'Europe, qui, comme on sait, ont été fondés par la conquête, l'aristocratie a été mêlée avec la féodalité, et même jusqu'à nos jours en a conservé quelques titres et quelques priviléges. Cela a été la source d'une foule de méprises et d'erreurs. Sous l'empire de la féodalité, le propriétaire d'un domaine était souverain de la personne et des actions de tous ceux qui l'habitaient, et ne devait compte à qui que ce soit de la conduite qu'il tenait à leur égard. Depuis, lorsque le servage eut été aboli et que les communes eurent été affranchies, les seigneurs ou nobles ne furent point régis par les mêmes lois que les roturiers ou descendans des serfs. Ces derniers étaient encore assujétis à certains droits, à certaines marques de déférence envers les nobles, qui exerçaient, presque exclusivement, les principales fonctions de l'Etat.

L'Assemblée Constituante, en abolissant tous les priviléges, et décrétant tous les Français égaux devant la loi, fit disparaître jusqu'aux dernières traces de la féodalité. La féodalité suppose l'inégalité des personnes et leur asservissement; l'aristocratie, l'influence de la richesse et des grandes possessions.

Il est de l'esprit de la république de respecter religieusement la propriété, mais d'interdire l'inégalité des partages, qui ne pourrait manquer de troubler l'Etat, en altérant l'égalité, principe sur lequel repose cette forme de Gouvernement. On voit donc que dans les républiques on n'est pas aussi complétement maître de ses biens que dans les aristocraties et les monarchies, où l'on peut en disposer par testament de la manière qu'on l'entend, et même, quand on le veut, les fixer d'une manière irrévocable dans sa famille, par le moyen des majorats. Observons, en passant, que l'égalité forcée des partages affaiblissant l'autorité paternelle, on a été obligé, dans les républiques, pour rétablir l'équilibre domestique troublé par la politique, de donner législativement aux pères de famille, un pouvoir tyrannique et presque sans borne sur la personne de leurs enfans. Si, aux inconvéniens que nous venons de signaler dans les républiques, on ajoute le péril auquel sont exposés les propriétaires par la participation au pouvoir des prolétaires qui ne cessent de convoiter des terres, on sentira qu'en général la propriété est bien moins assurée dans les républiques que dans les Gouvernemens aristocratiques et monarchiques, où les prolétaires sont constamment tenus hors d'action. Leurs intérêts d'ailleurs s'y confondent avec ceux de la classe moyenne, et ceci est tellement vrai, qu'on les désigne ensemble sous le nom de *peuple*. Dans la monarchie, où la cour et la noblesse font la langue, parce que tout se modèle sur elles, et qu'elles sont les arbitres absolus de l'opinion, de la mode et du bon goût, elles enveloppent sous la dénomination dédaigneuse et commune de *peuple*, tout ce qui est au-dessous d'elles. Dans les républiques, ce mot *peuple* prend de la dignité et de l'importance; les attributs de la souveraineté l'accompagnent; le peuple est la première autorité, l'autorité suprême de l'Etat. Mais un certain amour d'égalité, et peut-être un sentiment de prudence, empêche de distinguer positivement, et par une désignation spéciale, les propriétaires de ceux qui ne le sont pas. La politique, en admettant ce mot *peuple* sans distinguer soigneusement les divers élémens qui le composent, s'exposerait à commettre de graves erreurs. C'est à la participation menaçante des prolétaires dans les affaires publiques, et aux craintes qu'ils inspiraient, mais qu'on se gardait bien d'avouer, qu'il faut attribuer les guerres perpétuelles auxquelles se trouvaient condamnées les anciennes républiques. A Rome surtout où l'industrie était nulle, il fallait pour empêcher les prolétaires d'attaquer la propriété, leur prodiguer sans cesse du butin, et, autant que cela était possible, en diminuer le nombre en distribuant des terres dans les pays conquis. C'est ainsi que de proche en proche, le Sénat romain se trouva invinciblement amené à conquérir l'Univers et à le plonger dans le plus dur esclavage, pour nourrir la populace de Rome et mettre les propriétaires à l'abri d'une spoliation presque inévitable. Pour le malheur de Rome, elle ne fut jamais vaincue. Peut-être aussi faut-il attribuer son esprit belliqueux et ses succès militaires à l'invincible nécessité qui la contraignait à vaincre ou à périr. L'étendue de l'empire, dont toutes les provinces étaient indispensables pour subvenir aux besoins de la capitale, obligea de confier de grandes armées, des royaumes entiers, et de longs commandemens à des magistrats uniques. La monarchie, ou plutôt le despotisme militaire établi dans les provinces, finit par remonter jusqu'à Rome et par y étouffer la liberté. Les empereurs ne se maintinrent qu'en suivant le même système qu'ils avaient trouvé établi; mais au lieu de faire la guerre et de verser le sang des étrangers, ils versèrent celui des principaux propriétaires et distribuèrent au peuple le produit de leurs exactions.

Les petites républiques ne pouvant être conquérantes, s'adonnèrent avec succès aux arts industriels et au commerce. Elles procurèrent ainsi des moyens d'existence et de fortune aux prolétaires, et épuisèrent leur turbulente activité par un travail continuel; elles suppléèrent ainsi au peu d'étendue de leur territoire. Le commerce et les conquêtes ont en définitif le même résultat, qui est d'enrichir un peuple aux dépens de l'autre. Il y a cependant cette différence, à l'avantage du commerce, c'est d'avoir des succès presque certains, et d'occuper constamment la masse entière des prolétaires, qui, par ce moyen, sont moins dangereux pour l'Etat. La guerre dépouille le vaincu par la force; le commerce et l'industrie, en développant le luxe et en inspirant aux peuples de nouveaux besoins, leur imposent des tributs d'autant plus onéreux qu'ils sont prélevés sous forme de jouissance.

On prétend que le commerce est également

avantageux pour toutes les nations qui s'y livrent. C'est une erreur que réfute suffisamment le degré extraordinaire de puissance et de force auxquels certains Etats sont parvenus, soit dans l'antiquité, soit dans les temps modernes. Certes, la force et la puissance dont ils ont été redevables au commerce, seraient restés aux peuples avec lesquels ils ont trafiqué, et qui, en retour d'objets de luxe, leur ont donné des alimens et des matières premières. Enfin les tarifs de douane des divers peuples, me paraissent trancher la question d'une manière irrévocable. Il me semble que l'erreur que nous venons d'indiquer prend en grande partie sa source dans la manière inexacte et fautive dont on a apprécié jusqu'à présent les bénéfices du commerce : on les a fait dépendre de ce qu'on appelle la *balance du commerce*, c'est-à-dire, de la différence qui se trouve en argent entre le prix d'achat des importations et le prix de vente des exportations. Pour parvenir au but qu'on se propose, cette opération est évidemment insuffisante. Il faudrait en outre considérer en totalité l'espèce des marchandises reçues et celle des marchandises fournies. Si l'on a donné à l'étranger des objets de luxe, et qu'en échange on en ait reçu des objets de première nécessité, le commerce a été avantageux, même quand il en devrait coûter pour solde une certaine quantité d'argent. Dans le cas contraire, le commerce a été nuisible. On peut dire encore que le commerce a été profitable, si les objets qu'on a reçus sont d'une nature moins frivole et plus durable que ceux qu'on a donnés en échange.

Un effet du commerce et de l'industrie qu'on n'a peut-être pas assez observé, c'est de tendre à détruire et à diviser les grandes propriétés foncières, en donnant à leurs possesseurs le goût du luxe, des frivolités et de la dissipation. Les basses classes corrompent et appauvrissent les classes supérieures pour se procurer des moyens de subsistance. Considéré sous ce point de vue, le commerce est analogue au principe de la république. Il tend à rendre les fortunes égales. Les Anglais ont permis à leur noblesse de se livrer au commerce, parce que s'il en eût été autrement, elle eût bientôt perdu son influence et sa fortune, et elle eût été éclipsée par les classes inférieures. Au lieu que tout le monde s'élevant également, l'aristocratie a gardé dans l'Etat la place qu'elle occupait primitivement.

Le commerce convient parfaitement aux gouvernemens aristocratiques, mais pourvu que les nobles y embrassent cette profession comme les autres citoyens. Quelques républiques se sont livrées à la fois et avec un égal succès à la guerre et au commerce, deux choses qui entrent parfaitement dans l'esprit de cette sorte de gouvernement où, à tout prix, il faut occuper les prolétaires, fournir à leurs besoins et même à leurs plaisirs. Ajoutons que lorsque les Etats sont parvenus à un certain dégré de civilisation, et que la matière commerciale devient rare, si l'on peut s'exprimer ainsi, le commerce engendre des rivalités violentes entre les peuples. Alors on les voit se faire la guerre pour s'emparer exclusivement de l'exploitation de telle branche de commerce et d'industrie, comme autrefois, ils se la faisaient pour s'emparer de tel ou tel pays. Les uns et les autres cherchent pour leurs prolétaires des moyens de subsistances. En effet, regardez-y de près, et vous apercevrez bientôt que ce n'est point l'ambition qui les pousse dans tant d'expéditions hasardeuses, mais une dure nécessité.

Lycurgue me paraît être de tous les législateurs celui qui a le mieux connu l'esprit et le principe du gouvernement républicain. Il n'en est point dont les ordonnances et les lois aillent plus directement à leur but. Il voulut établir l'égalité. Il partagea les terres par portions égales. Pour la maintenir et la rendre durable, il fallait abolir le commerce, faire régner la frugalité, extirper le luxe : à cet effet, il établit la monnaie de fer, défendit l'entrée de Sparte aux étrangers, ordonna l'usage des repas communs, bannit les artisans, prescrivit que les maisons ne seraient faites qu'avec la scie et le rabot, défendit aux Lacédémoniens toute occupation servile, et ordonna que les enfans seraient élevés en commun. Il lui importait que ses concitoyens ne se livrassent point à l'ambition et à l'ardeur des conquêtes, et surtout qu'ils ne fissent point de butin, il leur défendit de bâtir des remparts autour de Sparte, et de poursuivre l'ennemi dès qu'il aurait commencé à prendre la fuite. Enfin, le massacre des Ilotes est une chose affreuse, abominable ; on ne peut disconvenir cependant qu'elle ne soit analogue au principe de la république où le plus grand péril que l'Etat ait à redouter, vient de la trop grande multiplication des prolétaires.

L'usage où sont les Suisses de mettre une partie de leur jeunesse à la solde des puissances étrangères est très-convenable dans une république.

Une république qui ne renfermerait qu'un petit nombre de prolétaires, et qui pourrait leur donner des terres à proportion qu'ils en réclameraient et qu'ils deviendraient trop nombreux, serait dans la situation la plus heureuse qu'il soit possible de concevoir. On peut dire qu'il n'y aurait point de prolétaires dans un pareil pays. Tous les citoyens seraient égaux, car ils seraient tous propriétaires au même titre, et tous également intéressés au maintien de l'ordre existant. Dans ce pays, la noblesse et la royauté, c'est-à-dire, les distinctions seraient inutiles, je dis plus, impossibles, et par conséquent ne parviendraient pas à s'y établir. En effet, il ne peut y avoir de distinctions et de priviléges dans un Etat, que quand déjà ces distinctions y existent de fait et par la nature des choses, indépendamment de la volonté des hommes. Nous venons de tracer le tableau fidèle des Etats-Unis d'Amérique. Ce pays sera libre, paisible, exempt de factions, tant que le territoire ne lui manquera pas. Remarquez aussi avec quel soin et peut-être sans s'en rendre compte, il cherche continuellement à s'agrandir ; car les peuples, comme les individus, tant qu'ils ne sont pas placés dans une situation contradictoire ou à deux faces, ont un instinct qui les avertit à leur insçu de ce qu'ils doivent faire pour se conserver. Dans les Etats-Unis d'Amérique, il n'y a qu'un seul pouvoir, qu'une seule situation sociale. Il ne peut donc y avoir d'aristocratie ou de royauté, c'est-à-dire, des pouvoirs, des situations sociales, d'autre espèce que celle qui existe. Cela impliquerait contradiction. Aussi toute tentative, tendant à changer la forme de gouvernement, serait-elle tellement impossible, tellement absurde, qu'aucun ambitieux, quelque déterminé qu'il fût, n'oserait s'y livrer. Il n'aurait pas même un seul partisan. En Amérique, Buonaparte et César auraient été des Washington. Heureux le gouvernement qui porte avec soi la garantie que les hommes d'Etat et ses chefs seront justes, modérés, exempts d'ambition. Heureux le pays où tous les hommes sont égaux et libres. On conçoit l'enthousiasme qu'une telle contrée doit inspirer à ses habitans et surtout aux hommes qui ayant vécu dans de vieilles monarchies, se trouvent transportés, tout-à-coup, dans un état de chose dont la simplicité et la nouveauté les enchantent. Mais plus cet enthousiasme est naturel et même louable, plus il faut prendre garde de s'y livrer imprudemment, en cherchant à rapporter en Europe des institutions dont l'existence est incompatible avec la masse énorme des prolétaires qu'elle renferme dans son sein. Ceux-ci, aussitôt que la liberté et l'égalité seraient proclamées, ne manqueraient pas d'y prétendre en faisant irruption sur la propriété.

En effet, c'est la propriété, et non, comme le pensent certains législateurs, la reconnaissance de tel ou tel principe abstrait qui constitue entre les citoyens la véritable égalité. La liberté des républiques ne peut exister qu'entre gens égaux. Par la propriété on va à l'égalité, par l'égalité à la liberté. C'est ainsi qu'a été fondée la république des Etats-Unis. Elle a été établie avant tout sur la propriété. En France, on a suivi une marche directement contraire. Ce qu'on voulait établir était en contradiction avec l'état de la société. Aussi, loin de rien fonder, a-t-on tout détruit.

Selon quelques personnes il serait de l'intérêt des Etats-Unis de ne pas chercher à s'agrandir, attendu que tout accroissement de territoire tend à les amener plutôt à la nécessité de nommer un Roi. Cette erreur prend sa source dans l'opinion généralement répandue que le gouvernement républicain ne convient qu'aux petits Etats, et que les grands ne peuvent exister sous cette forme. Cette opinion a bien quelque chose de vrai, car plus on est éloigné du siége du Gouvernement, moins il est aisé d'y participer, mais on obvie à cet inconvénient en formant plusieurs Etats fédératifs réunis par un lien commun. Sans même recourir à ce moyen ingénieux d'établir une sorte de liaison entre plusieurs Etats différens qui ont des intérêts semblables, nous ne voyons pas pourquoi les citoyens d'une république trop grande pour s'administrer aisément, ne se diviseraient pas en plusieurs petits Etats, plutôt que de renoncer à la liberté. En définitif, il nous paraît que les républiques ne périssent que par l'ascendant que les prolétaires prennent sur les propriétaires. Tant qu'il y aura en Amérique assez de terres vacantes à leur distribuer, la forme du gouvernemement se maintiendra sans altération. Il serait possible seulement, en supposant un accroissement excessif de territoire, que les Etats-Unis se divisassent en deux grandes républiques fédératives. Quant à la monarchie et à la noblesse, elles ne s'élèveront dans ce pays que quand un excédent de population commencera à encombrer le territoire. Du moment que tous les citoyens d'un Etat sont propriétaires ou peuvent le devenir sans nuire à personne, la république est la seule forme de gouvernement qui soit convenable, la seule que la nature des choses comporte. En un mot, l'homme qui prétendrait établir la monarchie aux Etats-Unis me paraîtrait aussi coupable que celui qui aspirerait à ériger en république telle monarchie de l'Europe.

Les observations que nous venons de faire relativement aux Etats-Unis d'Amérique, ne nous paraissent nullement contrariées par la situation politique de l'Amérique méridionale. Il est démontré par une expérience convaincante que ce vaste et riche pays, abandonné à lui-même, tendrait à se constituer en république. Il n'y a qu'une seule chose qui, dans quelques provinces, pourrait mettre obstacle à ce changement; ce serait les distinctions de couleur entre habitans, distinctions qui ont donné naissance à des démarcations politiques et même à l'esclavage de la caste indienne. Ces différences entre Américains, mais que les progrès de la population effaceront bientôt, y ont facilité le maintien des institutions monarchiques qui, du reste, sont étrangères à ce pays, ont été apportées d'Europe, et sont loin d'y avoir acquis une stabilité à toute épreuve. Au surplus, dans l'état de population où est l'Amérique, les monarchies qui y existent diffèrent peu des républiques. Les propriétaires, placés pour la plupart à une distence immense des agens de l'administration, ne sont tenus envers la couronne qu'à payer, à raison de leurs esclaves, une légère capitation qu'on vient percevoir une fois l'an, et qui, à raison de son extrême modicité, est moins obligatoire que volontaire. Du reste, semblables aux anciens seigneurs, ils sont maîtres absolus sur leurs terres, et ne sentent jamais l'action du gouvernement dont la protection leur serait inutile. Il en est à peu près ainsi dans les colonies françaises. Les monarchies d'Amérique ressemblent beaucoup aux monarchies primitives de la Grèce. Il n'y avait dans ces sortes d'Etat que deux pouvoirs, le roi et le peuple, si l'on peut appeler peuple une réunion peu nombreuse de propriétaires disséminés sur un vaste sol. Il serait même plus exact de dire qu'il n'y avait dans ces monarchies qu'un seul pouvoir, car le roi n'était lui-même qu'un propriétaire un peu plus riche que les autres; aussi voyons-nous ces princes qui, à proprement parler, n'étaient que de simples fondateurs de colonies, sentir bientôt leur inutilité, et abdiquer une couronne qui n'était qu'un vain simulacre. Aussitôt, et sans la moindre secousse, l'Etat républicain succède à la monarchie, et le pays continue à prospérer sans éprouver aucun inconvénient d'une révolution qui était appelée par la nature des choses.

A l'époque de la révolution, l'Assemblée constituante se flatta d'introduire en France, sous les noms de *démocratie royale*, une monarchie sans pouvoir intermédiaire, dans le genre de celle dont nous venons de parler. Le nom seul qu'on prétendait donner à cette forme de Gouvernement, prouve l'idée fausse qu'on s'en faisait. Sous la dénomination de démocratie, on confondait à la fois trois ordres de citoyens ayant des intérêts différens, la portion aristocratique de la nation, les propriétaires vivant en partie de leur travail, et les prolétaires. Réunir trois choses différentes sous le même nom, et ne les plus considérer dans le raisonnement que comme une seule, ce n'est pas certainement en former un tout identique. Aussi, la démocratie royale s'écroula-t-elle avant d'avoir pu seulement s'établir. On crut que c'était parce qu'elle n'offrait pas assez de liberté. On chercha alors à créer la république, et s'il est possible, on fut encore plus malheureux dans ce second essai que dans le premier. Ce qu'il y a de sûr, c'est qu'on fut beaucoup plus criminel.

Un grand nombre de personnes persistent

encore dans les erreurs de l'Assemblée constituante : elles voudraient en revenir à la démocratie royale; mais peu conséquentes avec elles-mêmes, et redoutant à l'excès l'influence des proletaires, elles prétendraient, sous le nom de garde nationale, tenir constamment en armes la classe des propriétaires; elles se flatteraient ainsi de mettre la propriété à l'abri d'une irruption qu'elles sentent prête à devenir imminente, si l'on adoptait leurs systèmes. Au reste, on ne peut disconvenir qu'elles ne raisonnent parfaitement juste, et qu'elles ne voient le danger là où il est. Mais faut-il donc faire de la société civile un état de guerre perpétuelle entre le riche et le pauvre, et ne peut-on pas prévoir d'avance quel en sera le résultat? Quelques autres se rappellent que l'époque la plus brillante de la république romaine fut celle où le sénat avait à ses ordres des armées qu'il envoyait au bout du monde faire des conquêtes, s'imaginant qu'en levant de grandes armées, et les mettant à la discrétion de la Chambre des Députés, elles approcheront autant que possible de la forme de gouvernement qu'elles désireraient établir. Enfin, une troisième classe de politiques considérant que c'est par le commerce que quelques républiques ont rempli l'univers de leur gloire et du bruit de leurs richesses, se flattent, en favorisant l'industrie et le commerce, de parvenir au même but que les autres croient atteindre en donnant à la force militaire une extension considérable. Il est aisé de comprendre que les trois classes d'individus dont nous venons de parler, n'envisageant que la pure superficie des choses, croient établir chez un peuple la constitution qui est en vigueur chez un autre, sans tenir compte des antécédens indispensables qu'exige pour se maintenir l'ordre des choses qu'ils ont en vue d'introduire. Il est impossible de prendre le change d'une manière plus complète : c'est prétendre créer les causes en imitant les effets.

Je jette les yeux sur une monarchie, et j'y vois des hommes qui possèdent et d'autres qui ne possèdent pas. Puisqu'il y a des distinctions réelles dans un tel état, je conclus qu'il doit y avoir des distinctions sociales, que les hommes n'y sont pas *égaux* politiquement parlant, que la république y est impossible ; que par nécessité, un certain nombre de ceux qui ne possèdent pas doit être aux ordres des plus riches ; que plus le nombre des prolétaires sera grand, plus les distinctions sociales deviendront tranchantes et marquées. Ainsi, en supposant la république établie, il arrivera, du moment que le territoire viendra à manquer et que la population continuera à s'accroître, qu'on ira d'abord à l'aristocratie, de-là à la royauté, qu'on peut appeler la distinction des distinctions, et qui sera d'autant plus absolue que la population sera plus considérable.

C'est ainsi que paraissent s'être formées les grandes monarchies de l'Asie, telle serait la marche naturelle des choses dans tous les pays agricoles. Ils passent lentement et sans trouble d'un état de gouvernement à l'autre, et voient s'écouler des siècles entiers sans éprouver de changement digne de fixer l'attention.

Le commerce, qu'on peut définir en politique l'art de faire vivre dans un pays donné plus de population que n'en peut nourrir le territoire, nous paraît être la cause qui empêche les gouvernemens d'Europe de suivre dans leurs progrès la marche lente, calme et paisible des États d'Asie. D'une part, le commerce en ouvrant, ou pour mieux dire, en montrant à tous les hommes les portes de la fortune, leur inspire des idées d'égalité; d'autre part, en multipliant la population et augmentant la masse des prolétaires, il rend nécessaire un gouvernement plus concentré. Ainsi, les peuples, sous l'influence du commerce, se trouvent placés dans un état contradictoire, ce qui est une source d'agitations et de troubles; en outre, ils ont constamment sous les yeux le spectacle de ce qui peut corrompre les mœurs et allumer les passions. Il leur arrive souvent, en manquant du nécessaire, de passer leur vie à fabriquer les superfluités les plus recherchées. En Europe, le commerce et l'industrie tiennent constamment les basses classes en fermentation. En Asie, au contraire, rien ne vient éveiller les passions. Les basses classes sont exclusivement livrées à l'agriculture ou à quelque métier extrêmement simple, et n'ont pas l'idée qu'il soit au monde d'autre moyen de se procurer la subsistance. Enfin, les productions des autres pays n'ont rien qui tente les peuples de l'Asie. Observateurs fidèles des coutumes de la caste à laquelle ils appartiennent, ils reposent dans une immobilité profonde, ou épuisent sur le sol la portion d'activité que la nature leur a départie.

Quelques personnes trouveront extraordinaire sans doute que nous ayons placé le siége des idées républicaines dans la classe moyenne de la nation, ou même dans telle portion plus ou moins considérable de cette classe. Elles observeront, par exemple, qu'il est singulier que, dans un pays composé de vingt-cinq millions d'habitans, on prétende qualifier d'institution républicaine celle qui confère le droit d'élection aux deux cent mille plus grands propriétaires. Ne pourrait-on pas alléguer, au contraire, qu'une telle réunion présente le caractère d'une aristocratie très-prononcée?

Aristote, Pol. l. 4. p. 7, dit que la vraie république est la prépondérance politique de la classe moyenne tenant à la patrie par le bien de la propriété.

Indépendamment de cette autorité qui nous paraît décisive, on peut répondre aux observations qui précèdent, que ce n'est point à proprement parler le nombre plus ou moins grand dont se compose une classe qui y fait prédominer les idées aristocratiques ou républicaines, mais la manière de vivre de ces mêmes individus et le degré de fortune dont ils jouissent. Pour nous faire mieux comprendre nous sommes obligés de revenir sur ce qui a été dit précédemment. En général, dès qu'un homme est assez riche pour vivre selon le rang qu'il occupe dans la société sans avoir besoin de travailler, il est partisan des distinctions, car par sa position, il est lui-même distingué des autres. Or, on sait que c'est uniquement sur les distinctions que reposent l'aristrocratie et la monarchie. Au contraire, l'homme qui doit l'aisance dont il jouit à un travail assidu, est par-là même dans une situation inférieure et conséquemmeut dépendante, car il n'y a pas d'infériorité sans dépendance. En se comparant à l'autre, il ne peut manquer d'éprouver un sentiment d'humiliation. Delà naît le désir de se faire égal à lui, et s'il ne le peut réellement et matériellement, en acquérant autant de fortune, ce sera, du moins politiquement, en réclamant les mêmes droits dans le même degré d'étendue et d'intensité. Tant de distinction qu'il voit au-dessus de lui l'importune et lui fait ombrage; il veut tendre à l'effacer et appelle l'égalité de tous ses voeux. Voilà l'esprit républicain. Aussi, si dans les deux cent mille individus mentionnés ci-dessus, et qu'on a supposés jouir du droit politique d'élection, quatre-vingt-dix mille vivent de leurs revenus, cent dix mille de leur travail, le principe républicain prédominera sur le principe aristocratique à peu près dans la même proportion: or, comme il ne peut y avoir deux principes d'action dans le même Gouvernement, il y aura lutte dans l'Etat jusqu'à ce qu'un principe ait détruit l'autre. Cette considération paraît réfuter pleinement l'opinion de ceux qui pensent que dans un Gouvernement représentatif la Chambre des Députés doit être républicaine. Nous observerons en passant qu'ils se servent du terme *démocratique*, qui présente dans leur esprit à peu près le même sens, mais que nous écarterons ici, parceque, dans notre manière de voir, il convient de l'appliquer seulement à qualifier les intérêts de la classe inférieure du peuple. Evitons, autant qu'il est possible, de mettre du vague dans la langue de la politique; nous nous épargnerons ainsi bien des erreurs. La plupart des écrivains confondent l'esprit démocratique avec l'esprit républicain, et même, quand ils les distinguent, emploient le même mot pour les désigner. Il est difficile qu'une telle manière de procéder ne finisse par jeter quelque confusion dans les idées, et par empêcher de discerner la vérité.

Certains publicistes, parmi lesquels on compte M. le général Tarayre, n'ont pu se dissimuler qu'en vertu de la loi des élections actuellement en vigueur en France, les votes de la classe supérieure étaient étouffés par ceux de la classe moyenne appelée, dans la totalité des individus payant 300 francs d'impôts, à concourir à la nomination des députés. Ils ont justifié cette disposition législative en alléguant que la classe moyenne, prise en masse, ayant plus de force et de richesse que la classe supérieure, devait naturellement primer sur elle, et avoir une part plus considérable dans la représentation nationale. *Chacun*, disent-ils, doit participer au Gouvernement en proportion de sa force, et non à raison de sa faiblesse. Cet argument prouve trop; car les contribuables de 299 francs et au-dessous pourraient aisément s'en étayer pour prétendre à la jouissance des droits politiques, et après eux les prolétaires, qui ne manqueraient pas de se compter, et de réclamer, pour monter au rang des autres citoyens, les droits du nombre et de la force, droits qu'assurément on ne pourrait guère leur contester. Le principe qu'on veut invoquer est donc faux, puisqu'il mène directement à la destruction de tous les Gouvernemens. Il me semble qu'on pourrait lui substituer celui-ci, qui paraît plus vrai et plus approprié à la nature des choses : chacun, et non chaque classe de citoyens, doit tenir dans l'Etat un rang correspondant à celui qu'il tient individuellement dans la société, ou, ce qui revient au même, un rang proportionné à sa force individuelle.

M. de la Serve, allant plus franchement au but, convient, dans un ouvrage intitulé *de la*

Royauté, que la loi des élections menait droit à la république. Qu'il nous soit permis de citer ici quelques-uns des principaux passages de son livre :

Page 155. « Le seul organe officiel de la vo-» lonté générale en France est la Chambre des » Députés. Le Roi et la Chambre des Pairs ne » sont législateurs que fictivement ; ils sont plutôt » des moyens de direction et de modération du » pouvoir législatif, que des parties intégrantes » de ce pouvoir ; des moyens d'arrêt et d'examen » pour empêcher l'effet des délibérations pré-» cipitées, et donner le temps à la volonté gé-» nérale de se former et de se manifester. »

Page 156. « Le *véto* du Roi, illimité de droit, » est limité de fait. Ainsi que nous l'avons déjà » remarqué, dès que la nation aura une majo-» rité indestructible dans la Chambre des Dé-» putés, les autres branches de la puissance lé-» gislative lui seront nécessairement subordon-» nées. C'est elle qui vote les impôts, et du côté » des impôts est la toute-puissance. »

Page 171. « Quand nous aurons, par l'effet de » de notre loi des élections, acquis une majorité » nationale indestructible, toute la prépondé-

» rance du Gouvernement sera dans la Chambre
» des Députés. »

Page 234. « L'ensemble de nos institutions ac-
» tuelles constitue une véritable république dont
» le Roi est le président héréditaire. »

Page 257. « Dans les Gouvernemens mixtes,
» c'est l'élément politique qui domine qui doit
» donner son nom à la constitution; ainsi, la
» dénomination de *république* est véritablement
» ici le mot propre. »

En un mot, l'ouvrage de M. de la Serve indique au juste quel serait l'état de la France à l'époque où la loi actuelle des élections aurait fait entrer dans la Chambre des Député ce qu'il appelle *une majorité indestructible organe de la souveraineté du peuple.*

Il est aisé de démontrer que l'état de choses où nous serions placés si cette supposition pouvait se réaliser, ne durerait qu'un instant, et serait suivi des plus épouvantables catastrophes.

En effet, la royauté et l'aristocratie sont des *pouvoirs*, parce que l'une et l'autre reposent sur des intérêts; c'est une chose qu'il est impossible de nier dans la situation actuelle des esprits; car, ni M. de la Serve, ni aucun homme aisonnable n'en voudrait l'abolition. D'ailleurs, ous les publicistes s'accordent sans exception à dmettre leur indispensable nécessité comme léméns politiques, ou, si l'on veut, comme contre-poids.

Or, il implique contradiction que des *pouvoirs* soient subordonnés, car des pouvoirs qui sont tenus d'obéir forcément et contre leur gré à la majorité d'une assemblée, ne sont pas des pouvoirs, mais des conseils; il est dans l'essence des pouvoirs d'être libres, par conséquent ils peuvent transiger, mais non céder.

Il serait donc impossible que le Roi consentît à abdiquer sa propre volonté pour descendre au rôle de ministre de la majorité des Députés. Tout ordre de choses qui le réduirait à une telle condition ne pourrait manquer de lui être odieux. Il chercherait à le briser, à le renverser de tout son pouvoir; dès-lors, de deux choses l'une, il faudrait ou changer la constitution, ou renverser le trône.

Le même raisonnement peut être appliqué à l'aristocratie.

En général, la royauté et l'aristocratie se retirent sans résistance des sociétés qui n'en veulent pas, et les abandonnent aux révolutions et aux catastrophes que leur absence occasionne.

Ajoutons que les électeurs payant en impôts directs moins de 300 fr., ne s'accommoderaient jamais d'un système de gouvernement en vertu duquel ils seraient exclus des droits civils et confondus avec la populace. Est-il au monde une barrière plus révoltante que celle qui fonde sur une différence de vingt sous en impôt la distinction la plus forte qui puisse exister de citoyen à citoyen, puisque, par suite de cette différence l'un fait partie du *souverain*, et l'autre est rangé dans la classe des *sujets*? Croit-on que cette démarcation ridicule pourrait être long-temps respectée, quand on vient à penser que, selon les opinions de M. de la Serve, un grand nombre de ceux qu'elle exclut devraient être appelés à faire partie de la garde nationale, et à occuper les places inférieures de l'administration provinciale? Quelle influence, je le demande, n'exerceraient pas sur cette partie de la population un roi et une aristocratie qui partageraient leur mécontentement? Objectera-t-on que la limite politique dont il vient d'être question n'a pas excité jusqu'à présent le moindre murmure parmi les Français? Nous répondrons que le système électoral qui est maintenant en vigueur est encore extrêmement nouveau; que la souveraineté ainsi que M. de la Serve en convient lui-même n'est pas encore fixé dans la Chambre des Députés; que le Gouvernement monarchique existe encore; qu'à présent la différence qu'il y a entre un député et un homme qui ne peut pas être électeur est insensible, mais qu'elle sera énorme du moment où le système républicain venant à prédominer, les uns se trouveront *souverains*, les autres *sujets ;* situation tellement insupportable pour ces derniers, qu'elle a occasionné le renversement de la plupart des républiques. Dans une monarchie, on peut sans inconvénient, et surtout sans humiliation, n'être point appelé à participer au droit de cité; dans une république, c'est une chose intolérable. Qu'on se rappelle les guerres sanglantes que Rome eut à soutenir contre les peuples d'Italie qui se soulevèrent pour obtenir le droit de suffrage; Rome, maîtresse de l'Univers, fut obligée de céder.

L'examen des lois d'après lesquelles les citoyens donnaient leur suffrage, et élisaient les magistrats dans les anciennes républiques, paraît confirmer la vérité des considérations qui précèdent. Les classes moyennes y exerçaient une prépondérance marquée. Quant aux prolétaires, leur participation aux élections fut presque nulle dans le principe; elle s'accrut à mesure que les Etats penchèrent davantage vers leur ruine.

Certaines personnes transformant la politique en une véritable arithmétique, crient à l'aristocratie dès qu'elles voient une fraction peu considérable de la nation jouir exclusivement des droits politiques. Ainsi, si chez un peuple de trente millions d'hommes, il n'y avait seulement que cent mille individus qui eussent la faculté d'élire et de nommer les députés, elles prétendraient que le régime qui consacrerait un tel état de chose serait extrêmement aristocratique. Elles s'accordent en général sur la nécessité d'écarter les prolétaires des affaires publiques. Supposant donc, qu'en faisant abstraction de ces derniers, il restât dans un pays deux millions de propriétaires, elles verraient de l'aristocratie dans la loi des élections, tant que le nombre des électeurs n'excéderait pas un million; au-delà, selon leur façon de penser, on s'approcherait vraisemblablement des formes républicaines. Les détails où nous sommes entrés précédemment doivent faire pleinement sentir le vice de cette manière de raisonner, d'autant plus captieuse qu'elle repose à la fois sur un mélange d'erreur et de vérité. Le point capital de la méprise contre laquelle nous nous élevons, vient de ce qu'on confond souvent l'aristocratie et les *distinctions*. L'ordre social n'offre qu'une suite non interrompue de distinctions. Faudra-t-il qualifier d'aristocratie la différence de condition qui existe, par exemple, entre un menuisier et un négociant? Non, sans doute. L'aristocratie est un mot collectif qui indique une réunion d'individus jouissant d'un pouvoir effectif et leur appartenant en propre. Cette dernière condition est essentielle; car une réunion de grands fonctionnaires, quelque élevés qu'on les suppose, ne formera point une aristocratie. Un homme fait partie de l'aristocratie quand, figurant parmi les principaux propriétaires de l'Etat et les personnes les plus riches, il possède assez de bien, non-seulement pour vivre sans travail, mais pour avoir encore indépendamment un superflu disponible. C'est ce superflu disponible qui constitue le *pouvoir*. On voit par-là qu'il ne saurait y avoir d'aristocratie sous le despotisme, où toutes les propriétés sont précaires, et où l'on ne possède rien, pour ainsi dire, que sous le bon plaisir du prince. Un corps aristocratique, pour justifier son titre et remplir le rôle qu'on attend de lui, doit être composé en majorité des hommes éminens que nous venons de désigner; formé de toute autre façon, il n'offrirait qu'une fausse représentation, inconvénient grave, car alors on ne pourrait plus se rendre compte de ses mouvemens ni de ses opérations. Cela serait la source d'une multitude de mécomptes; et, en définitif, on se verrait contraint d'accorder à la royauté toute la force qui manquerait à l'aristocratie.

Nous remarquerons que si le peuple, en France, a témoigné tant d'aversion pour l'aristocratie et la noblesse, c'est que cette aristocratie était en grande partie fausse, et conservait ses prétentions après avoir perdu ses biens; si elle eût été réelle, il n'en eût pas été de même; car la force et la puissance, sous quelque forme qu'elles se présentent, ne manquent jamais d'inspirer le respect.

Revenons à la Chambre des Députés, dont cette digression ne nous a écartés que pour nous aider à en mieux apprécier les élémens.

On voit qu'il faudrait, pour qu'elle formât un corps aristocratique, que le droit d'élection appartînt exclusivement aux membres de l'aristocratie.

La Chambre des Députés ne pourrait donc être considérée comme un corps aristocratique, si elle était nommée par la classe élevée.

Bien moins encore mériterait-elle cette qualification, si on la faisait élire, comme nous le préférerions, par la classe élevée et la classe moyenne; mais cependant en réservant à la première une prépondérance quelconque sur l'autre.

L'esprit de distinction étant le principe fondamental de la monarchie, on voit que dans cette espèce de Gouvernement, une Chambre des Députés ne peut être composée que d'une des deux dernières manières que nous venons d'indiquer.

Veut-on aller plus loin, et donner plus d'influence à la partie active et laborieuse des propriétaires, toute ligne de démarcation, toute distinction s'efface entre eux, le Gouvernement change de principe. On passe, sans s'en apercevoir, sous le régime de l'égalité, et on a une assemblée dont la forme est républicaine. Qu'on nous pardonne de nous être appesantis si fortement sur une transition qui s'opère le plus souvent sans qu'on la remarque. Ce phénomène politique méritait d'autant plus d'être observé, qu'une monarchie se trouve souvent à moitié métamorphosée en république sans avoir pu s'en rendre compte, et, ce qui est plus fort, quand son chef s'imagine ne lui avoir donné que des institutions aristocratiques.

En résumé, l'aristocratie, considérée en elle-même, est absolue, les distinctions sont relatives ; et à ce sujet on pourrait dire que toute la révolution n'a été qu'un long sophisme, par suite duquel, après avoir sacrifié l'aristocratie, on s'est obstiné à qualifier les distinctions de principe aristocratique, et à s'efforcer de les faire disparaître en répandant des flots de sang.

Dans la monarchie, l'aristocratie occupe, après le Roi, le premier rang de l'Etat. Il en est de même dans la monarchie constitutionnelle, où l'on voit la Chambre des Pairs jouir de certains priviléges que ne partage point la Chambre des Députés. Dans les Gouvernemens aristocratiques, c'est l'aristocratie qui tient le premier rang; dans les républiques, la classe élevée et la classe moyenne, qui correspondent à ce qu'on appelle, dans la monarchie, *tiers-état*. Ces sortes de Gouvernemens sont censés être plus ou moins libres, selon qu'est plus ou moins considérable le cens requis pour jouir du droit de cité, et faire partie de l'assemblée délibérante qui gouverne sous le nom de Sénat, de Chambre, d'Assemblée Constituante, etc., etc. Il existe en faveur des républiques un préjugé qu'il faudrait s'efforcer de détruire. C'est que tous ceux qui vivent sous cette forme de Gouvernement ont des droits égaux. C'est une erreur, car d'abord les prolétaires sont exclus de toute participation au pouvoir; en second lieu, on n'y accorde la jouissance des droits civils qu'aux individus payant une quotité de contributions assez forte pour faire partie au moins de la classe aisée. Les distinctions contre lesquelles on se récrie tant, existent donc dans la république comme dans les autres formes de Gouvernement. Tout ce qui est au-dessous du cens requis pour participer au pouvoir, n'a donc pas plus d'intérêt à vivre sous une république que sous toute autre forme de Gouvernement.

L'amour extrême que les classes moyennes et subalternes de la société font éclater pour les institutions républicaines, prend sa source dans l'orgueil, l'ambition et le désir du bien-être, trois mobiles qui exercent un empire absolu sur tous les hommes. Au fait, on ne saurait nier les immenses avantages que présente le gouvernement républicain partout où il peut exister. Chaque citoyen y possède la plus grande part possible de bien, de pouvoir, de bonheur et de considération, et s'y trouve à peu près dans la même position que celle où est placé dans une monarchie, un grand, un noble ou un duc et pair. La souveraineté du peuple, ou, pour mieux dire, de chaque citoyen, y existe dans toute sa plénitude, dans toute sa réalité. Chaque individu, membre actif du corps politique, a en propre une portion de territoire et de pouvoir, ne connaît point de supérieur, n'aperçoit autour de lui que des égaux, et est maître absolu de ses actions et de ses discours. Nous avons vu qu'un pareil état de choses est possible, mais à certaines conditions. Il faut que le territoire soit assez vaste ou la population assez faible, pour que chaque individu soit propriétaire. Du moment où l'on donne au peuple l'idée d'un pareil gouvernement, du moment où on lui en fait sentir, pour ainsi dire, l'avant-goût au moyen des institutions républicaines, qui quelquefois tendent à se mêler aux institutions monarchiques (voilà l'état où en sont à présent plusieurs grands pays de l'Europe), il n'est pas d'excès, de crimes et de forfaits auxquels les basses classes ne soient prêtes à se livrer pour parvenir à cet état heureux qu'elles voient à leur portée et qui toujours fuit devant elles à mesure qu'elles croient en approcher. Pour comble de maux, et comme pour pousser l'illusion jusqu'au bout, on a décoré du nom de *vertu*, et cette acception est reçue dans le langage de la politique, tous les crimes qui se commettent pour parvenir à la république et pour maintenir cette sorte de gouvernement.

Si le royalisme a ses martyrs, comment la république n'aurait-elle pas les siens. Les moyens de séduction qu'elle présente sont bien autrement puissans. La classe moyenne aime la république par la même raison que les rois aiment la royauté, les grands l'aristocratie, les nobles la noblesse. Si le désir de régner a rempli de sang et de crimes presque toutes les pages de l'histoire, faut-il s'étonner si la même passion venant à éclater parmi le peuple, produit des ravages affreux et des atrocités sans exemple? Le sentiment qui pousse un prince à égorger sa famille pour régner, ou à susciter une guerre injuste, ne diffère en rien de celui qui entraîne un peuple à assassiner son Roi dans l'espoir d'être *souverain*.

L'état de bien-être dont on jouit sous le gouvernement républicain est tellement vif, ce sentiment remplit et possède à tel point l'existence toute entière, qu'il n'est pas de crimes, de vertus ou de vices auquel l'homme ne soit prêt à se livrer systématiquement pour s'en assurer la conservation.

Ouvrons les annales des républiques, l'amour

de l'égalité ou pour mieux dire la haine des inégalités qu'on pourrait remarquer chez autrui est l'élément nécessaire au maintien de ces sortes de gouvernement. Nous y verrons donc la pureté des mœurs, le mépris des richesses, le désintéressement, l'obéissance filiale, l'abnégation de tout sentiment d'orgueil, le courage, l'activité, la persévérance, une constance incroyable dans les revers. Voilà qui est admirable, mais tournons quelques pages. La liberté est-elle en péril, est-il question de la conserver ? Aucun sacrifice ne coûte, tous les crimes sont bons. Le père égorge son fils, le fils trempe les mains dans le sang de son père ; l'assassinat est érigé en maxime. Un citoyen fait-il ombrage ? il est coupable. Celui qui lui porte en trahison le coup fatal, est un héros. Dans les républiques, du moment où l'institution menace ruine, on ne rencontre plus que guerres civiles, proscriptions, meurtres, spoliations, à moins que le bienfait de la guerre étrangère ne vienne suspendre momentanément cette continuité d'horreurs. Nous avons vu précédemment que l'existence d'une population un peu considérable ne manque jamais de mettre en péril la république et de rendre nécessaire une autre forme de gouvernement. Cela a suffi pour faire recommander l'inceste, l'adultère, l'infanticide, l'exposition des enfans, par les législateurs les plus sages, au nombre desquels on rougit de compter Aristote.

Ainsi, rigoureusement parlant, le même homme aurait pu se signaler par son désintéressement et son courage, massacrer ses esclaves, exterminer des nations entières, étouffer ses enfans, égorger son père, sans cesser pour cela d'être un excellent citoyen et un homme *vertueux*.

Qu'on ne se récrie pas contre l'impossibilité de cet affreux mélange de vertus et de crimes. Les temps modernes nous en offrent un exemple dans l'histoire de Venise dont les sénateurs étonnèrent l'univers par leur sagesse, par leur modération et par leurs sombres forfaits. Or, le gouvernement aristocratique et le gouvernement républicain ne diffèrent l'un de l'autre qu'en ce que le pouvoir suprême y est exercé par une classe de citoyens différente. Sous tous les autres rapports tout est pareil. Aussi, appelle-t-on les aristocraties, des républiques.

Selon les idées reçues dans les anciennes républiques, toute action qui avait pour motif l'intérêt public, quelque infâme qu'elle fût en elle-même, passait pour *vertu*. C'est ce système que certains fanatiques de religion ou de gouvernement se sont plus à ressusciter à diverses époques, et même de nos jours, en définissant la *vertu*, ce qui est conforme à l'intérêt général. Faibles esprits qui ne voient pas que la vertu et le bonheur ne peuvent jamais consister dans le crime !

Ce n'est donc pas sans raison que les pères de l'église ont flétri de réprobation les *vertus* mêmes des païens. Chez eux la *vertu* n'était qu'un moyen, et le crime devenait *vertu* dès qu'il tendait à un but qui semblait conforme à l'utilité publique. Dans nos idées plus épurées, la vertu doit être l'unique but de l'homme, et jamais une action qui s'écarte des règles de la morale ne sera réputée bonne, quelque avantage qu'on en attendît pour la généralité des hommes.

Il résulte des développemens auxquels nous venons de nous livrer que quand le territoire d'un pays est partagé entre ceux qui l'habiten de manière que chacun soit propriétaire, il n'y a qu'un *pouvoir* dans l'Etat ; ici *pouvoir* e *intérêt* sont synonymes, et le gouvernemen républicain est celui qui convient le mieux à un peuple qui se trouve dans une telle position

Dès que les prolétaires, par suite des progrè de la population, commencent à acquérir dan l'Etat quelque importance par leur nombre, on voit successivement se développer tous les principes du gouvernement aristocratique. Simultanément, les propriétaires se divisent en deux classes : les grands propriétaires ou les gens de distinction ; les petits et moyens propriétaires, ou le tiers-état. (Nous ne parlons pas de la classe élevée des propriétaires dont nous avons déjà fait mention, parce qu'une partie se déclare en faveur des grands propriétaires, et une partie en faveur des autres.) La première classe constitue l'*aristocratie.* La seconde classe forme, avec les prolétaires une masse commune qu'on confond en général sous le nom de *peuple.* L'une défend les priviléges, c'est-à-dire, les démarcations légales qui éloignent des hautes charges de l'Etat ceux qui ne paient pas un certain cens, ou dont l'existence sociale ne remplit pas certaines conditions qui, par leur nature, ne peuvent être que le partage du très-petit nombre. L'autre classe, au contraire, s'efforce sans cesse d'agrandir les dimensions du cercle tracé par la loi, et où il faut se trouver placé pour avoir droit de parvenir aux fonctions publiques. Chacun des membres de cette classe dont nous venons de parler, parvenu dans l'enceinte réservée aux classes distinguées, n'aurait rien tant à cœur que d'en interdire l'accès à ceux qui l[e] suivent, mais la même raison qui l'a fait triom[-]pher contre les grands, le fait succomber contr[e] ceux qui étaient naguères ses pareils. Du momen[t] donc où les classes moyennes prennent l'ascen[-]dant sur l'aristocratie et sur la classe distinguée l'Etat est ramené à la république par une pent[e] insensible. Mais cette république n'offre plus le[s] élémens nécessaires à son existence, l'*égalit[é] effective des citoyens*; c'est un Etat forcé e[t] contre nature, qui ne se maintient momenta-nément que par des moyens artificiels, si l'o[n] peut s'exprimer ainsi, la guerre ou le commerce deux professions ou deux genres de travaux qui loin de remédier au vice de constitution qui em-pêche la république d'exister, ne font que l'ac-croître et rendre plus nécessaire un changement de Gouvernement, en augmentant hors de pro-portion le volume des parties inférieures du corps social.

Nous avons vu, il n'y a qu'un instant, que la naissance de l'aristocratie datait précisément de l'époque où les prolétaires commençaient à pa-raître dans l'Etat. Quand ceux-ci continuant à se multiplier, surpassent en nombre les autres citoyens, la *monarchie* devient néces-saire. Le gouvernement monarchique n'étant qu'un développement, ou si l'on veut, une concentration du gouvernement aristocratique, n'est en contradiction avec aucun des élémens qui composent ce dernier. Ainsi, la classe distinguée et la classe moyenne y occuperont la même place que dans l'aristocratie. Seulement un troisième pouvoir plus considérable que chacune d'elles, viendra occuper le faîte de l'édifice social. On remarquera aisément que le Roi, n'ayant de pouvoir que par le peuple ou les prolétaires, est naturellement et nécessairement porté à défendre leurs intérêts, puisque c'est chez eux seulement qu'il peut trouver des forces pour faire contrepoids à la ligue qui serait susceptible de se former entre l'aristocratie et la classe moyenne. Cette ligue, en général, ne peut guère avoir pour but que le rétablisement du gouvernement aristocratique ou de telle institution aristocratique en particulier. En effet, de même que sous l'aristocratie, on veut quelquefois remonter à la république, de même par un mouvement analogue, il est arrivé souvent qu'on a cherché sous le gouvernement monarchique, à revenir à l'aristocratie.

On ne peut s'empêcher d'admirer cette combinaison qui résulte de la nature du gouvernement monarchique, combinaison en vertu de laquelle le *Roi*, pouvoir nécessaire pour réprimer et contenir le peuple, se trouve en même temps éminemment intéressé à le défendre contre l'opression que les citoyens des deux autres classes pourraient exercer sur lui. Aussi a-t-on dit avec infiniment de raison que le Roi est le représentant naturel des intérêts qui ne sont pas représentés. En résumé, il paraît démontré qu'il n'y aurait point d'aristocratie, s il n'y avait point de prolétaires et que la monarchie n'est possible que là où les prolétaires sont en très-grand nombre.

Ceci explique clairement pourquoi dans le gouvernement républicain, on voit avec peine, dès que le territoire est médiocrement peuplé, les progrès rapides de la population; pourquoi le gouvernement aristocratique, porté dans le principe à encourager la population, cherche ensuite à la ralentir; pourquoi le gouvernement monarchique la favorise, surtout quand il veut s'affranchir du joug des grands, ainsi que le fit Louis XIV; enfin pourquoi sous cette dernière forme de gouvernement, ceux qui désirent jouir de la plus grande somme de liberté à laquelle il est permis de prétendre, ou ce qui est équivalent, réduire l'aristocratie aux moindres proportions possibles, demandent et approuvent toutes les mesures qui tendent à encourager la population.

On peut dire que toutes les questions politiques se rapportent à l'état de la population considéré relativement à l'étendue du territoire.

La monarchie telle qu'elle existe de nos jours se compose de quatre élémens, le Roi, les grands ou l'aristocratie, le tiers-état et les prolétaires.

Les États ont des développemens successifs. Dans l'ordre de ces développemens, la naissance de l'aristocratie précède celle du tiers-état.

Dans le gouvernement féodal, c'est-à-dire, dans celui qui est fondé par la conquête, et tels ont été dans l'origine, tous les gouvernemens d'Europe, il n'y a point de tiers-état, il n'y a que des grands et des serfs. En temps de paix, le Roi dépendant de l'aristocratie, et n'ayant aucun moyen pour la contraindre à exécuter ses volontés, n'est guères que le principal seigneur, ou comme le disait Henri IV, le premier gentilhomme du royaume. On pourrait le comparer à un général d'armée dont les troupes fixées dans des cantonnemens, ont désappris à lui obéir. Cette comparaison serait d'autant plus juste que les Rois presque partout ne furent dans l'origine que des chefs d'armée.

Les progrès de la population donnèrent naissance au tiers-état ou aux classes moyennes de la société. Elles font leur occupation exclusive et tirent leur subsistance des arts mécaniques, de l'industrie et du commerce. A mesure que le tiers-état augmente en nombre, on voit disparaître la féodalité, le servage, les distinctions humiliantes de naissance, enfin le tiers-état réclame et obtient, comme l'aristocratie, une part au pouvoir et dans la législation.

L'abolition du servage a résulté évidemment des progrès de la population. Quand les mœurs des grands se furent adoucies, et qu'ils eurent renoncé à l'habitude qu'ils avaient précédemment de se faire continuellement la guerre, le nombre de leurs vassaux augmenta rapidement. Fatigués d'avoir à nourrir une foule d'individus qui leur étaient inutiles, et dont le séjour sur leurs domaines diminuait leurs revenus, ils se décidèrent à accorder quelques terres et une demi-liberté, ou un esclavage moins immédiat, à ceux de ces derniers qui, n'étant point occupés à l'agriculture, consentiraient à s'éloigner. Ainsi un écoulement fut ménagé au superflu de la population des campagnes. C'est de cette époque que datent l'établissement d'un grand nombre de bourgs et de villes, ainsi que l'origine de la plupart des communes. On comprenait sous ce nom l'étendue non bâtie du territoire concédé, dont la jouissance et la propriété appartenaient en commun à tous les habitans de la cité ou du bourg. La commune était en petit une véritable république. Les habitans des bourgs, obligés de se procurer par eux-mêmes des moyens d'existence, et travaillant pour leur propre compte, s'appliquèrent avec une ardeur extrême aux arts mécaniques.

Leurs succès dépassèrent leurs espérances. Bientôt ils inspirèrent aux seigneurs le goût du luxe, qui est si naturel à l'homme, et les rendirent ainsi tributaires de leur industrie : et ce fut une première cause de l'affaiblissement de la féodalité. A mesure que la population industrieuse des bourgs fit des progrès, il fut moins facile de l'opprimer et de lui faire subir des vexations : par conséquent elle eut moins besoin de protection. En effet, le caractère propre de l'industrie étant d'exciter les désirs par les produits qu'elle fabrique, et qui ont pour but de servir à l'agrément ou aux commodités de la vie, on conçoit qu'en naissant elle ait besoin de protection; mais enfin il arrive un temps où ayant créé des richesses et une population qui lui appartiennent, elle suffit à sa propre défense. On voit, en lisant l'histoire du moyen-âge, qu'une foule de particuliers et de bourgs se mettaient sous la protection des seigneurs, et contractaient envers eux des obligations plus étendues, à proportion que les dangers dont ils cherchaient à se garantir étaient plus grands. Ainsi, les seigneurs payaient la servitude de leurs vassaux en leur procurant la nourriture, et la dépendance de leurs feudataires en les protégeant. Les habitans des bourgs construisirent des fortifications et se formèrent en *corporations* pour présenter plus de moyens de résistance en cas d'attaque, et pour donner aux troupes du seigneur suzerain le temps d'arriver avant que l'ennemi eût déjà fait beaucoup de mal.

Les corporations étaient donc des moyens de défense. Les habitans des bourgs ayant acquis plus de force, purent bientôt se passer de la protection des grands, et se lassèrent de leur payer des redevances devenues à peu près sans objet. Ceux-ci, jaloux de conserver une source de revenus qui leur était si nécessaire, firent des efforts pour retenir un patronage auquel ils ne pourraient se résoudre à renoncer. De là des discussions et des débats entre les nobles et les habitans des bourgs : d'une part, accusation d'ingratitude ; d'autre part, imputation de tyrannie. Le Roi, à cette époque, ne jouissait hors de ses domaines que d'un pouvoir très-limité : il ne régnait, pour ainsi dire, que sous le bon plaisir des nobles, qui, uniquement occupés de leurs propres intérêts, s'embarrassaient fort peu de le contrarier, et n'attachaient qu'une faible importance au bien général de la France. Louis-le-Gros profita de l'état de choses dont nous venons de tracer le tableau, pour sortir de la situation humiliante où le retenait l'aristocratie. S'interposant dans les débats occasionnés par les prétentions des nobles, il se prononça hautement contre eux, et proclama l'affranchissement des communes. On peut dire que c'est uniquement de cet instant que date l'affranchissement de la couronne. Dès-lors les campagnes continuèrent à rester soumises à la domination des grands : les villes passèrent sous celle du Roi. Cette révolution affligea profondément la noblesse. A plusieurs reprises et sous divers prétextes elle chercha à reconquérir les avantages qu'elle avait perdus. Les Rois de France, ne voyant qu'insubordination du côté des nobles, remarquant au contraire, dans le tiers-état, une soumission sans bornes, crurent ne pouvoir mieux faire que de favoriser le tiers-état, et de frapper à coups redoublés sur la noblesse. Louis XIV réussit trop bien dans cette entreprise : il réduisit l'aristocratie à n'être plus qu'une vaine représentation; il permit au tiers-état d'entrer dans le Parlement, et d'y voter sans distinction avec la noblesse; et, tout en croyant à jamais avoir consolidé le trône, il légua à ses successeurs une monarchie dont il avait ébranlé les bases.

En Angleterre (1) la noblesse étant, pour ainsi dire, incorporée avec la classe moyenne, celle-ci jouit, avec la première, de toutes les institutions républicaines dans leur plus grande latitude. L'esprit de faction ne peut donc s'y étayer de la demande d'aucune *liberté*, puisqu'on les a toutes, et que le plus obscur prolétaire y est aussi *libre*, politiquement parlant, que ne l'a jamais été le citoyen de quelque république que ce soit. Voilà pour la classe moyenne un grand motif d'être satisfaite des institutions existantes. Il en résulte encore que, chez les Anglais, on voit clairement de quoi il s'agit dans tous les débats politiques, puisque ces débats, et je n'en excepte pas même

(1) Pour éviter de nous livrer ici à une digression trop longue, nous avons jugé convenable de rejeter à la fin de cet ouvrage, en forme de note ou d'appendice, l'application que nous avons essayé de faire de nos principes, aux événemens les plus remarquables de l'histoire d'Angleterre.

la réforme parlementaire, ne peuvent porter que sur des questions de fait ou d'administration. Ces grands mots de *liberté* et d'*esclavage*, si puissans partout ailleurs, ont perdu en Angleterre cette influence magique qui soulève les peuples et ébranle les trônes. En Angleterre, tous les hommes qui aspirent à changer l'ordre établi, ne peuvent envelopper leurs projets de prestiges et de sophismes, ni d'un faux air de liberté. Ils sont obligés d'expliquer clairement ce qu'ils veulent, et, à l'instant, l'homme le plus borné aperçoit quel est leur but.

Dans les soulèvemens, chose remarquable, c'est surtout la classe moyenne qui est l'objet des invectives et de la fureur des prolétaires. Ceux-ci se trouvant, à l'égard de cette partie de la nation, dans les relations d'ouvriers à maîtres, on conçoit aisément que c'est contre elle qu'éclatent leur mécontentement et leurs menaces. Les prolétaires se plaignent tantôt qu'on taxe trop bas leur salaire, tantôt qu'on fait usage de nouvelles machines qui leur enlèvent le pain, en rendant leurs bras inutiles; tantôt qu'on leur ôte les moyens de vivre par les impôts excessifs qui pèsent sur les consommations. Pour être juste, il faut convenir que la cupidité des fabricans peut tendre un peu trop quelquefois à restreindre les salaires; mais on ne peut nier aussi que s'ils cédaient trop aisément aux réclamations des ouvriers, peut-être même s'ils ne les condamnaient pas à une misère forcée, ils verraient leurs marchandises exclues d'un grand nombre de pays, par l'augmentation de prix qui en résulterait. Or, l'existence de l'Angleterre, dans la situation présente, repose sur le débouché d'une certaine quantité de produits dont le débit lui est indispensable ; sans cela son Gouvernement croulerait. Combien de souffrances et d'agitations ne doit pas entraîner un pareil état de choses; combien il est pénible pour l'humanité!.....

En définitif, c'est donc la peur de la démocratie et la frayeur qu'inspirent les prolétaires souffrant et menaçant sans cesse, qui empêchent en Angleterre les partisans de la république de rompre avec la noblesse. Les propriétaires, loin d'être divisés en deux partis, comme en France, n'y forment, dès qu'il est question d'agir, qu'un seul corps, qu'une seule opinion. Une émeute vient-elle à éclater? quelle qu'en soit la violence, on n'a point recours, pour la réprimer, aux troupes réglées qui, sorties de la multitude, pourraient se souvenir de leur origine et craindre de sévir contre les factieux. Ce sont les propriétaires, enrégimentés en forme de garde nationale, qui courent rétablir l'ordre : le fonds du débat, quoique différent en apparence, n'est ni plus ni moins que la loi agraire. C'est dire assez avec quelle ardeur se hâte de prendre les armes tout homme qui a quelque chose à conserver.

Le véritable but de la garde nationale est donc d'empêcher les prolétaires de faire irruption sur la propriété. On s'est trop pressé d'introduire cette institution en France. Elle est sans objet chez nous, où les dispositions du bas peuple sont paisibles et n'inspirent aucune inquiétude pour la sécurité publique. Il faut attribuer cet avantage à deux causes, 1° à ce qu'il n'y a qu'une très-petite partie de notre population prolétaire qui soit employée aux manufactures, d'où il résulte que le reste est plus disséminé, plus moral, et que, s'adonnant à l'agriculture, il a une nourriture assurée. Lyon et Paris sont une exception à ce que nous venons de dire. Un grand nombre d'ouvriers sont rassemblés sur ces deux points. Par une conséquence naturelle, c'est aussi dans ces deux villes que la garde nationale est la plus belle, la plus nombreuse et la mieux disciplinée; 2° à ce que le bas peuple est protégé par le trône. En effet, on ne doit pas perdre de vue que les rois de France ne sont parvenus à acquérir une puissance sans bornes, qu'en favorisant, au détriment de la noblesse, les classes moyennes et inférieures de la nation. Il n'en a pas été de même en Angleterre. L'aristocratie et la classe moyenne, agissant de concert, ont placé sur le trône la dynastie actuellement régnante. N'est-il pas naturel que celle-ci ait pris pour maxime de ne pas choquer les intérêts de ces deux ordres de citoyens, qu'on peut considérer, à quelques égards, dans ce pays, comme dépositaires de la souveraineté. Le Roi de France est Roi par le peuple. Le Roi d'Angleterre tient ses pouvoirs du choix de l'aristocratie et de la classe moyenne.

Cette différence suffit pour expliquer comment, en Angleterre, le bas peuple, absolument étranger au Roi, se trouve à la merci des classes moyennes et supérieures, sans avoir de protecteur nulle part.

De cet unique fait résulte l'indispensable nécessité des corporations ou des aggrégations. Partout où l'individu est trop faible pour se défendre et se protéger lui-même, il se réunit et s'aggrège à des individus de son espèce, et parvient ainsi à trouver la sécurité.

On ne peut s'empêcher de remarquer ici combien les amis de la liberté ont pris le change en s'efforçant d'établir en France l'institution de la garde nationale, qui ne peut avoir qu'un seul objet, de défendre la propriété contre les menaces et les atteintes des prolétaires. Ils se sont imaginés, en armant tous les citoyens, leur fournir les moyens de conquérir la liberté, et de résister aux efforts que la couronne pourrait faire pour les asservir par le moyen des troupes réglées; ils se sont également persuadés, qu'en cas de sédition, une garde citoyenne ramènerait l'ordre plus aisément et par des moyens plus doux.

Toutes ces idées sont prises à contre-sens et n'offrent qu'une suite d'erreurs. La garde nationale et l'armée ne peuvent être en opposition l'une avec l'autre. Il ne saurait y avoir entr'elles d'hostilité ni de choc; car outre que l'une et l'autre sont composées des mêmes élémens, aucun Roi, quel qu'il soit, ne serait assez insensé pour déclarer la guerre à tous les propriétaires de son royaume. Enfin, en admettant une telle absurdité, qui en suppose bien d'autres encore, aucune armée ne voudrait jamais embrasser la cause d'un prince qui la solliciterait de prendre les armes contre une population entière, unie d'intention et de sentiment. Il faut bien se persuader qu'une guerre civile n'est possible que quand la nation est divisée en deux partis. Alors chaque parti a son armée, et, au besoin, sa garde nationale.

Ajoutons que l'institution dont nous parlons n'est d'aucun secours en cas de soulèvement populaire. Il faut en excepter un seul cas, celui où ce soulèvement serait fait par des prolétaires qui menaceraient directement la propriété. En tout autre état de cause, la garde nationale se laisse intimider ou se partage d'opinion, et en attendant l'événement, demeure immobile. Ces considérations, que l'expérience paraît justifier, expliquent pourquoi, en Angleterre, on fait marcher la garde nationale contre les factieux tandis qu'en France on ne peut employer ce moyen, sous peine de n'en obtenir aucun succès.

Les amis de l'aristocratie, en cherchant à rétablir les corporations, paraissent disposés à commettre, en sens contraire, une erreur analogue à celle que nous venons de signaler. Ils voient fleurir les corporations en Angleterre à côté d'une puissante et formidable aristocratie. C'en est assez pour leur faire conclure, qu'en organisant ainsi les prolétaires, et une bonne partie des classes moyennes, on parviendra à leur donner une tendance aristocratique. S'il pouvaient réussir dans ces nouveaux projets, ils obtiendraient, à leur grand étonnement, un effet tout contraire à leurs espérances.

En résumé, il paraît à peu près certain que l'institution de la garde nationale ne prendra pas racine en France. On peut en dire autant des corporations. Ce sont des moyens de défense qui ne sont pas réclamés par l'état actuel de la société, et dont l'existence par conséquent est inutile et ne peut reposer sur rien. Mais loin de s'en plaindre, il faut s'en féliciter. En effet, nos prolétaires ne sont ni assez factieux ni assez nombreux pour alarmer les propriétaires sur la conservation de leurs biens et leur inspirer le besoin de s'enrégimenter et de s'armer. D'une autre part, les classes supérieures ne font pas peser sur eux une oppression assez dure pour leur imposer la nécessité de se constituer en corporations. Enfin, on peut ajouter qu'ils trouveraient au besoin, dans la puissance royale, un appui qui leur manque en Angleterre, où ils sont abandonnés à leurs propres ressources.

Nous ne reviendrons pas ici sur ce que nous avons dit en grand détail au sujet de l'aristocratie et de la classe moyenne des citoyens.

Leur organisation en assemblée, ainsi que nous l'avons observé plus haut, résulte de l'augmentation considérable de la population, qui ne permet plus de consulter ni de rassembler une classe entière de la nation. L'établissement du Gouvernement représentatif est donc une conséquence nécessaire de l'accroissement de la population. Les nations parvenues à un certain degré de développement et de puissance, n'ont que l'alternative d'adopter cette forme de Gouvernement ou de vivre sous le pouvoir absolu.

On a déjà observé que l'organisation de l'aristocratie et du tiers-état, en deux assemblées séparées, donnant à l'une et à l'autre les mêmes dimensions, augmentait relativement le pouvoir de l'aristocratie. Sans cela, celle-ci numériquement trop faible, aurait toujours le dessous. Ajoutons que la classe élevée des propriétaires et des négocians doit tenir une grande place dans la Chambre des députés, et participer aux élections dans une proportion plus forte que les autres classes de l'État. C'est une condition de rigueur. Autrement le tiers-état aurait inévitablement la prééminence absolue, et le corps aristocratique n'aurait aucun poids dans les délibérations.

Autrefois, quand l'aristocratie jouissait sans contestations de la prépondérance politique, la classe élevée marchait à la suite de la noblesse, et le dernier terme de son ambition était de s'introduire dans ce corps, malgré les dédains et les mépris qu'elle ne cessait d'en recevoir. C'est, selon nous, la preuve la plus forte que la *classe élevée* et l'aristocratie, sont deux choses différentes, et qu'on ne doit sous aucun rapport les confondre ensemble. Maintenant, l'aristocratie politique se trouve exclusivement concentrée dans la Chambre des pairs. La classe élevée se trouve repoussée dans le tiers-état, qui est séparé du peuple par une limite fixée arbitrairement à une contribution de 300 fr. La question qui, quoique résolue, est encore à décider, est de savoir : si les membres de la classe élevée voteront par tête avec le tiers-état, ou bien si, dans les élections, ils jouiront de quelque supériorité tirée de l'ordre plus élevé de leurs contributions, ou de l'étendue plus grande de leurs propriétés. Une question fort analogue, résolue en sens contraire, a donné naissance à l'Assemblée Constituante : et qu'on ne s'y méprenne pas, de la solution de ce problême résultera, non le mode d'administration qu'on suivra en France, mais la forme même et l'existence du gouvernement.

En effet, l'État où la partie moyenne de la

nation exerce le plus d'influence, est une *république*, en dépit de tout ce qui pourra être fait pour l'empêcher. L'État où les grands propriétaires auront l'ascendant, sera une *monarchie* ou une *aristocratie*, selon que le nombre des prolétaires sera plus ou moins considérable. Enfin, celui où la classe élevée aura l'ascendant, participera des deux autres : c'est la *monarchie constitutionnelle représentative*. Ce que nous venons de dire est indépendant de la volonté des hommes, et doit être considéré comme une conséquence inévitable de la nature des choses.

En un mot, tout le mécanisme, tout l'artifice des États représentatifs, c'est-à-dire, de ceux où une partie des pouvoirs est conférée par voie d'élection, consiste uniquement à placer le droit de suffrage dans la portion de la nation intéressée par sa position sociale, au maintien de la forme du Gouvernement qu'on veut établir. Ce préalable rempli, on sent que, dans une monarchie, par exemple, le Roi peut, sans inconvénient et sans risque, s'abandonner à l'impulsion de la majorité des députés, prendre ou quitter ses ministres au gré de cette majorité, adopter enfin telle mesure qu'elle jugera convenable. Nous ajouterons qu'il est impossible aux ministres et au Roi lui-même, de gouverner contre la direction de l'assemblée. Cette proposition, qui nous paraît incontestable, réduit singulièrement l'importance de la responsabilité ministérielle, toujours proclamée et toujours reconnue impraticable ou dangereuse, dès qu'il s'agit de la mettre à exécution. On voit encore, d'après ce que nous venons de dire, que la dissolution des Chambres est une mesure insignifiante et qui ne peut avoir aucun résultat, à moins qu'on ne modifie en même temps la loi de suffrage. Enfin, toute modification dans la loi de suffrage entraîne une révolution dans l'État, et change la nature du Gouvernement.

Maintenant que nous avons exposé quels sont les effets de la prééminence accordée à la grande et à la moyenne propriété, considérées l'une et l'autre dans leurs rapports avec l'ordre politique, nous allons parler des prolétaires. Leur intervention dans les affaires de l'État, qu'on doit toujours considérer comme une calamité, peut résulter de trois causes :

1° D'un développement excessif donné à cette partie de la population par l'extension du commerce et par la multiplication des manufactures ;

2° D'un vice ou d'une lacune de la constitution qui n'autorise point les magistrats à défendre les assemblées populaires;

3° Des dissensions entre les grands et les moyens propriétaires, dissensions à l'aide desquelles les prolétaires ne tardent pas à s'immiscer dans les affaires publiques. Souvent il arrive qu'un parti ne craint pas de les prendre pour auxiliaires, afin de décider la victoire en sa faveur.

En général, les troubles populaires d'Athènes et des autres républiques de la Grèce provinrent de ce que les constitutions qui les régissaient n'interdisaient point aux prolétaires le droit de voter dans les assemblées. Cet oubli s'explique aisément. Au temps où ces constitutions avaient été faites, les États dont nous parlons ne comptaient pour membres que des propriétaires.

A Rome, la population était déjà nombreuse, à l'époque où Servius Tullius donna ses lois. Ce prince éloigna habilement des affaires publiques les citoyens des basses classes, en les rejetant en masse dans les dernières centuries, qui n'étaient presque jamais appelées à donner leur voix. La classification qu'il établit entre les divers ordres de citoyens, est, sans contredit, une combinaison législative des plus heureuses et des plus profondes qui jamais aient été faites. Malheureusement, le peuple romain ne tarda pas à s'écarter de ses sages ordonnances. Des dissensions éclatèrent entre les propriétaires grands et moyens, divisés en deux partis sous le nom de *patriciens* et de *plébéïens*.

A mesure que les plébéïens gagnèrent du terrain sur leurs adversaires et se mêlèrent dans leurs rangs en se confondant avec eux, la populace les suivant de près, prit possession paisiblement des postes qu'ils avaient abandonnés, en se portant en avant. Enfin, quand les plébéïens, après avoir détruit l'aristocratie, ou pour mieux dire, après s'en être attribué les priviléges, eurent conquis cette égalité de droits qu'ils convoitaient si vivement, la populace qui avait monté progressivement, se trouva précisément à leur égard dans la situation où ils étaient auparavant à l'égard des patriciens. La populace, jusqu'à ce moment, ayant vu les plébéïens combattre pour elle en attaquant l'aristocratie, avait humblement suivi leur direction, et avait manifesté, en toute occasion, des sentimens et des vues tels qu'ils pouvaient les désirer. Les plébéïens, dupes de ce manège, se flattèrent de trouver toujours chez elle la même soumission et la même condescendance; mais les patriciens détruits, tout changea de face. Les prolétaires, forts de leur nombre et des maximes populaires mises en crédit par les plébéïens, ne voulurent point se soumettre à la fausse aristocratie que les classes moyennes cherchaient à mettre en vigueur. Ils rompirent avec elles, et à leur tour réclamèrent l'égalité des droits et la loi agraire. Par la même raison que les patriciens avaient été vaincus par les plébéïens, ceux-ci le furent à leur tour par les prolétaires. Dès-lors, le nombre et la force décidèrent de tout. Les soldats, voyant de quoi il s'agissait, imitèrent l'exemple des prolétaires, et, secondés par l'ambition de leurs chefs, portèrent les derniers coups à la constitution expirante. L'élévation des empereurs fut la conséquence naturelle et immédiate d'un pareil ordre de choses.

Au surplus, les intérêts des soldats étaient les mêmes que ceux des prolétaires, qui ne formaient avec eux qu'une seule et même classe; car à Rome tout citoyen était soldat. D'ailleurs, que demandaient les soldats et les prolétaires, devenus conjointement les seuls dépositaires du pouvoir? En butte à une égale pauvreté et à une égale fureur de jouissances, ils ne réclamèrent que des distributions et des largesses. Pour eux, tout maître était bon, pourvu qu'il sût donner abondamment. Est-il bien difficile de s'entendre quand on a le même but? aussi ne voyons-nous pas qu'aucun dissentiment ait jamais éclaté entre la soldatesque et les prolétaires. L'armée était en possession de nommer les empereurs; bientôt elle adopta la coutume de les égorger lorsque leurs libéralités commençaient à tarir. On aurait peine à se faire une idée des immenses profusions qu'ils étaient sans cesse obligés de faire pour se maintenir sur le trône. N'oublions pas que les secours qu'ils accordaient au bas peuple de Rome étaient indispensables à ce dernier pour subsister. A quels excès cette masse aveugle et turbulente qui assiégeait les avenues du palais ne se serait-elle pas portée, si elle avait senti l'aiguillon de la faim? Faut-il s'étonner que les empereurs, placés dans une position si périlleuse, n'aient fait qu'agraver le mal, et qu'ils aient tout sacrifié sans réserve aux caprices de ceux dont ils tenaient le pouvoir? A dire vrai, quelle force pouvaient-ils opposer à cette honteuse prépondérance du bas peuple, dont ils étaient les premiers à subir le joug? Les proscriptions et le pillage, que les propriétaires avaient mutuellement exercés les uns sur les autres, les avaient réduits au dernier état de faiblesse. Déchus en réalité de tout pouvoir politique, ils se voyaient condamnés à servir de proie aux dernières classes de la nation. Voilà quel fut le résultat de leurs longues dissensions.

Le gouvernement, loin d'être organisé dans l'intérêt des propriétaires, se trouvait donc organisé en sens inverse, et à l'avantage de ceux qui ne possédaient rien. Ces derniers, loin de se diviser, comme les propriétaires l'avaient fait, marchaient indissolublement unis ensemble, n'ayant tous qu'un même intérêt, et faisaient exercer la souveraineté par les empereurs, qui étaient, à proprement parler, leurs représentans et leurs ministres. Ceux-ci, satisfaits de régner, aimaient mieux, comme on le pense bien, goûter les douceurs du pouvoir suprême en gouvernant au gré des prolétaires et en exerçant le pillage, que de s'exposer à perdre la vie en cherchant à rétablir l'ascendant de la propriété. D'ailleurs, la propriété, brisée et morcelée par le choc des guerres civiles, et tenue en fluctuation perpétuelle, n'aurait présenté de point d'appui nulle part pour opérer une réaction salutaire. Cependant cette guerre dirigée sans relâche contre la propriété, acheva de l'anéantir, et avec elle l'agriculture. Delà d'horribles famines et un décroissement rapide de population. Bientôt l'Italie en friche fut hors d'état de nourrir ses rares et malheureux habitans. Enfin, l'invasion des Barbares, qui s'opéra sans résistance dans un pays dépeuplé, dénué des ressources les plus indispensables, et où tout ce qui pouvait faire résistance était dissout, vint mettre fin à un état de choses si déplorable, et reconstituer la propriété par la conquête.

En France, pendant la révolution, l'intervention des prolétaires dans les affaires publiques est provenue,

1° De la division qui a éclaté entre la classe des propriétaires grands et moyens, les uns sous la dénomination de *noblesse*, les autres sous celle de *tiers-état*.

2° De ce que le tiers-état, sentant qu'il ne pourrait lutter à force égale contre la noblesse, qui avait un parti nombreux dans la nation, appela à son secours les classes inférieures de la société, et, sans en concevoir nulle méfiance, lui conféra imprudemment les mêmes droits qu'au reste de la nation.

Les proscriptions commencées par le tiers-état furent continuées par les prolétaires avec une fureur sans exemple. Les propriétaires, épouvantés par les torrens de sang qui ruisselaient sur tous les points de la France, et par l'ascendant presque irrésistible qu'avaient pris les gens des plus basses conditions, sentirent sérieusement qu'il fallait se réunir, et oublier leurs divisions pour ne songer qu'à la défense commune. Soudain les prolétaires eurent le dessous, et les échafauds furent renversés. Dans ces conjonctures, la nouvelle forme de gouvernement qu'on adopta n'interdisait aux basses classes l'accès au pouvoir que par des mesures extra-législatives, si l'on peut s'exprimer ainsi, ou contraires à la constitution. D'autre part, le pouvoir, affaibli par deux oppositions, l'une *terroriste*, l'autre *royaliste*, contre lesquelles il avait sans cesse à lutter, et qui quelquefois s'entendaient ensemble pour l'embarrasser davantage, présentait à la majorité des propriétaires, qui étaient républicains de bonne foi, peu de garantie contre le retour de deux systèmes dont ils étaient alternativement menacés. C'est sur ces entrefaites que Buonaparte, devenu l'idole de l'armée par ses exploits, prit en main les rênes flottantes de l'État. Élu au pouvoir par la classe moyenne de la nation, c'est dans l'intérêt de ce parti qu'il gouverna. S'il ne donna point aux Français le degré de liberté qu'ils auraient pu désirer, il faut convenir du moins que la gloire dont il les combla leur laissa peu de chose à regretter, et leur fit complétement perdre de vue ces théories révolutionnaires qui précédemment avaient infecté les esprits. On remarquera, en outre, qu'à mesure que Buonaparte voulut concentrer le pouvoir dans ses mains, il sentit le besoin de créer une nouvelle aristocratie; mais qu'il eut soin, en général, d'en prendre les membres dans la classe moyenne. Ce fut un grand trait d'habileté. Il ne s'écarta de ce système que sur les dernières années de son règne : considérant alors son autorité comme parfaitement consolidée, et voulant exercer le pouvoir absolu dans toute sa latitude, il fit entrer dans les rangs de sa nouvelle noblesse beaucoup de membres de l'ancienne, et chercha ainsi à ressusciter en France les traditions du gouvernement de Louis XIV. On ne peut nier que cette déviation à la ligne de conduite qu'il avait suivie jusqu'alors n'ait beaucoup contribué à sa chute, en détachant de lui une partie considérable de la nation.

On objectera peut-être qu'à Rome et en France, les divisions qui éclatèrent entre les patriciens et les plébéïens, entre la noblesse et le tiers-état, avaient trait, non à la propriété, mais à la jouissance des honneurs. On peut répondre que chaque parti désirait une forme de gouvernement différente de celle qui convenait à l'autre; que l'existence de chaque espèce de gouvernement est liée à une manière particulière de posséder et de transmettre les biens, et même à une certaine règle dans la répartition des propriétés, considérées sous le rapport de leur étendue. C'est ce que Montesquieu a établi parfaitement en disant que les lois qui règlent les successions ne sont point des lois civiles, mais des lois politiques. Tout changement dans la forme du gouvernement, de quelque cause qu'il provienne, tend donc invinciblement à opérer un changement dans la manière de posséder. C'est ce que prouve, au surplus, d'une manière incontestable, l'histoire des révolutions de tous les peuples. Enfin, il me semble difficile de contester qu'à Rome et en France, les patriciens et les nobles ne fussent pas les grands propriétaires; tandis qu'au contraire, les plébéïens, le tiers-état, en retranchant les prolétaires, présentent à peu près ce qu'on appellerait aujourd'hui les propriétaires de moyenne classe.

Nous avons cherché à établir que l'aristocratie et la royauté étaient indispensables dans tous les États qui renferment dans leur sein un grand nombre de prolétaires. Long-temps ces institutions, devenues l'objet d'une profonde aversion, ont été regardées comme des abus qu'on ne pouvait trop s'empresser de détruire; mais la force invincible des événemens triomphant de la répugnance qu'elles inspiraient, a contraint d'y revenir. Maintenant la plupart des publicistes s'accordent à les considérer comme des contrepoids nécessaires dont l'utilité repose sur des vérités d'abstraction peu accessibles à la généralité des esprits, mais qu'on ne pourrait révoquer en doute sans entraîner les plus grands malheurs. Les vérités sociales ne se développent que successivement. Nous croyons qu'il est possible de faire sentir d'une manière immédiate et qui tombe sous les sens l'utilité de l'aristocratie, et celle de la royauté, qui n'est qu'une conséquence de l'aristocratie.

M. Rubichon, dans un ouvrage sur l'Angleterre, rempli de vérités et d'exagérations, mais écrit avec une bonne foi et un ton de conviction très-remarquables, prouve qu'un pays susceptible de nourrir, par exemple, trente millions d'habitans, n'en nourrirait pas la moitié si l'on partageait le sol par portions égales entre tous les habitans. Une telle mesure ferait donc périr de faim quinze millions d'hommes.

M. Rubichon continue et observe que les lois du code civil, tendant à introduire l'égalité des partages dans les successions et à diviser indéfiniment la propriété, ont pour résultat incontestable de diminuer la production et de condamner à périr de faim une partie de la classe indigente. Rassemblant, à l'appui de cette assertion, une masse de faits très-considérables et qui ne paraissent rien laisser à désirer, il démontre que la population a sensiblement diminué dans tous les pays où l'on a introduit le code civil, et qu'elle va toujours en déclinant à mesure que cette cause acquiert plus d'intensité par sa durée; on doit remarquer que l'auteur a soin d'écarter de ses calculs la dépopulation provenant de la guerre, en sorte qu'au moyen de cette précaution, il ne laisse aucune objection raisonnable à lui opposer. L'Angleterre est sans contredit le pays de l'Europe où la production est la plus considérable; les terres y sont partagées entre un petit nombre de propriétaires qui les afferment à long bail à des personnes de classes moyennes, et les transmettent en héritage à l'aîné de leurs enfans; ceux-ci n'ont de part que dans les effets mobiliers de la succession paternelle, et se livrent à l'industrie et au commerce. On voit donc qu'en Angleterre la propriété des terres est dévolue à l'aristocratie, et leur exploitation au tiers-état; c'est la combinaison la plus favorable à l'agriculture et au développement des richesses du sol; en effet, les grands propriétaires étant en général plus soigneux de jouir que de travailler, il arrive souvent, lorsqu'ils font par eux-mêmes valoir leurs terres, qu'ils négligent d'en tirer tout le revenu qu'elles seraient susceptibles de donner; de-là ce préjugé généralement répandu, que les grandes propriétés sont nuisibles à l'agriculture; on ne veut pas voir au contraire, que les petits propriétaires ne font valoir leur terre qu'aux dépens et par le moyen des grands propriétaires, qui leur fournissent des capitaux et du travail, dont ces derniers reportent ensuite le produit sur leur faible domaine. S'il n'en était pas ainsi, il faudrait révoquer en doute les effets économiques résultant de l'emploi des capitaux, des procédés en grand et de la division du travail.

Il résulte des observations qui précèdent et qui paraissent présenter tous les élémens d'une entière certitude, que, plus la propriété est concentrée dans un petit nombre de mains, plus les terres sont susceptibles de donner des produits; il est bien entendu que cette concentration de propriétés ne doit pas être poussée à l'excès, de manière à présenter un champ trop vaste aux opérations de l'agriculture.

On voit donc que plus la population d'un pays est considérable, plus la propriété doit y être concentrée et fixe, ou, ce qui revient au même, plus l'aristocratie doit y être forte, sous peine de condamner la partie surabondante des prolétaires à périr de faim.

Sans être partisan exclusif de l'aristocratie et d'un état de population considérable, je pense que du moment que celle-ci existe, c'est un mal, un très-grand mal et peut-être un crime, de ne pas pourvoir à sa subsistance, et que le seul moyen d'y parvenir se trouve dans l'aristocratie ou la concentration des propriétés. On peut considérer, si l'on veut, l'aristocratie comme un remède pénible et repoussant, mais prescrit impérieusement par l'infirmité du corps social.

L'aristocratie nourrit les prolétaires; la royauté les protège contre l'oppression que pourraient exercer sur eux les classes supérieures de la nation, au besoin les contient par le moyen de ces dernières; ainsi elle les empêche de se porter à des voies de fait qui pourraient bouleverser l'État, et à la fois leur en ôte tout motif, en leur faisant rendre justice exacte. Tout pouvoir doit être représenté et a des intérêts à défendre, qui ne peuvent pas être lésés impunément; la démocratie, ou les intérêts des prolétaires, est représentée et défendue par la royauté. Nous ajouterons quelques réflexions.

Depuis l'abolition de la féodalité, les intérêts des prolétaires ont toujours paru liés à ceux du tiers-état d'une manière très-étroite; il n'en est plus de même maintenant que l'industrie, soumise à une concurrence universelle, dirige tous ses efforts pour parvenir, par l'introduction d'une foule de machines plus ou moins ingénieuses, à réduire les frais de fabrication et à se mettre en état de livrer ses produits aux prix les plus bas possible. En effet, il est telle mécanique dont l'invention rend inutiles les bras de plusieurs milliers d'individus, qui sur-le-champ se trouvent réduits à manquer d'ouvrage et à languir dans la plus affreuse pauvreté; sans parler d'une foule d'autres inventions, très-remarquables par leurs résultats économiques, tout le monde connaît les effets prodigieux des machines à vapeur, dont l'application à tous les genres de travaux se multiplie avec un succès si affligeant. Ainsi, au moment où les prolétaires sont en plus grand nombre qu'ils ne l'ont jamais été, on travaille de toutes parts, avec une activité infatigable, à leur enlever la subsistance et à les réduire au désespoir. Où trouveront-ils protection? certes, ce ne sera pas dans le tiers-état, qui, sans que nous prétendions lui en faire un crime, est la cause de leur détresse; ce ne peut donc être que dans l'aristocratie et la royauté, qui, comme nous l'avons déjà dit plus haut, sont leurs protecteurs naturels; et en effet, au moment où le tiers-état, ayant acquis un développement démesuré, opprime à la fois, par ses exigences, et la classe supérieure et la classe inférieure de la société, ne serait-il pas de l'humanité, d'une sage politique et peut-être de ses intérêts bien entendus, de l'empêcher de prendre de nouveaux accroissemens aux dépens de la population indigente? Plusieurs moyens légaux se présentent pour cela, parmi lesquels on peut regarder comme les plus efficaces, le refus d'accorder des brevets d'invention pour les machines nouvelles, et l'établissement d'un impôt considérable et équivalent à prohibition, qu'aurait à supporter tout individu qui en ferait usage.

Il nous reste à parler maintenant de la démocratie proprement dite, ou de la démocratie absolue.

Lorsque les prolétaires ont acquis par leur nombre l'ascendant sur les autres classes de l'Etat, ils en profitent pour reclamer ce qu'ils appellent l'*égalité des droits.* Or, la jouissance des droits politiques consistant dans l'admissibilité aux places et aux honneurs, ou dans le droit de les conférer, n'appartient et ne peut appartenir dans la république la plus démocratique, et en général dans toute société civilisée, qu'à ceux qui possèdent soit une certaine étendue de terre, soit une fortune manifeste, c'est-à-dire, à ceux qui ont un intérêt direct, positif et fondé au maintien de l'ordre et à la conservation des propriétés. En effet, sans cette condition, nulle garantie que l'État sera bien administré, que sa constitution ne sera pas changée, qu'il ne sera pas conduit à sa perte par la cupidité et la trahison. Il faut se pénétrer d'une chose, c'est que la société a été instituée uniquement pour la protection des propriétés et non pour celle des personnes qui sont suffisamment protégées quand les propriétés le sont. Aussi n'est-ce point comme homme, mais comme propriétaire qu'on est membre d'un corps politique. C'est une vérité sur laquelle reposent toutes les législations du monde, et qu'on ne peut mettre en problême sans tendre à les renverser. En politique la propriété ou la terre joue un aussi grand rôle, a autant d'influence que l'argent dans le commerce, et les signes par rapport aux opérations de la pensée. Demander l'égalité des droits, c'est donc ou ne rien dire ou demander l'égalité des biens et des fortunes; sans cette seconde égalité la première ne serait qu'un vain mot, qu'une abstraction sans réalité. Aussi voyons-nous la proposition de lois agraires sortir tout naturellement d'un état de société où l'on admet en principe l'égalité des droits ou en d'autres termes, l'existence et la reconnaissance des droits de l'homme: l'individu est replacé alors dans l'état de nature et la société dissoute.

On s'en convaincra davantage en considérant qu'entre la loi agraire et le pillage il n'y a nulle différence; car peut-on s'imaginer que la portion de la nation qui possède des biens et des terres se laissera, de sang-froid et sans résistance, dépouiller méthodiquement par celle qui n'a rien? Une réunion de prolétaires ne présente qu'une masse confuse et aveugle, incapable de se diriger par elle-même et de lutter avec succès contre le plus léger obstacle. Les prolétaires seront donc amenés à la nécessité de nommer un chef, sous la conduite duquel ils marcheront ensuite à la destruction de la société. C'est ordinairement celui d'entre eux qui se fait le plus distinguer par son exaltation, son éloquence ou son courage. Ceci manque rarement d'arriver chaque fois que les prolétaires remuent sérieusement pour renverser le Gouvernement, ce qu'ils appellent dans leur langage qui peut-être leur fait illusion à eux-mêmes, modifier la constitution, corriger les abus. Ils ne songent pas qu'il est telle modification qui bien que plausible et avantageuse en apparence, n'est pas moins incompatible avec l'existence de l'ordre établi. En politique, comme en astronomie, il est des erreurs qui trompent les sens et contre lesquelles on ne saurait trop soigneusement se prémunir. L'histoire de tous les troubles civils suscités par les prolétaires, et même l'exemple de ce qui a lieu journellement en Angleterre, où le bas peuple est presque toujours en mouvement, semblent venir à l'appui de l'observation qui précède.

Quand les prolétaires victorieux ont renversé le Gouvernement contre lequel ils s'étaient élevés, leur grand nombre devient un obstacle au partage des terres. La portion qui reviendrait à chacun serait évidemment trop petite pour lui être d'aucune utilité. Ils respectent donc la propriété à cause de l'impossibilité physique où ils sont de s'en emparer. En revanche, ils comptent s'en dédommager sur l'usufruit. A cet effet, ils confient à leur chef le soin de le prélever et de le répartir entre eux. Sont-ils mécontens de ce chef, ils le déportent ou le massacrent et en nomment un autre. Nous venons de peindre le despotisme proprement dit, tel qu'il existait à Rome sous les Empereurs, tel qu'il existe de nos jours à Maroc et à Alger. C'est en ce sens que Montesquieu a dit que le gouvernement de ces pays était une vraie démocratie. Sous le despotisme, comme dans la république, la souveraineté du peuple est une vérité de fait, mais avec cette différence que dans le premier cas, il faut entendre par *peuple* la réunion sans distinction de tous les propriétaires, et dans le second, la réunion de toute la population agissant en masse, au gré de ses passions et de ses caprices.

Le despote n'est que l'intendant, le représentant, le subdélégué, le ministre des prolétaires; ceux-ci formaient précédemment la partie démocratique de la nation; maintenant devenus *souverains* et maîtres de l'État, leur prétention est de passer leur existence dans l'oisiveté et le repos, et de vivre aux dépens des propriétaires.

Dès-lors, la plupart des prolétaires deviennent ou restent soldats, et, quand ils ne vont pas à l'armée, ou qu'ils ne sont pas occupés à rançonner les provinces, leur séjour est fixé exclusivement dans la capitale, autour du despote.

La plupart des gouvernemens despotiques, qui existent maintenant, ont été fondés par la conquête; les vainqueurs, organisés militairement et campés, suivant la belle expression de de M. de Bonald, sur les terres des vaincus, vivent du produit du pillage sans se mêler avec eux. Au moyen de la polygamie et de l'esclavage des femmes, ils se perpétuent en restant étrangers au peuple conquis. Dans les gouvernemens dont nous parlons, la souveraineté réside dans l'armée, ou, pour mieux dire, dans la soldatesque, dont les caprices, la volonté ou les habitudes règlent la destinée du despote. Au surplus, le caractère distinctif du despotisme est d'être toujours allié aux formes militaires, soit qu'il doive son origine à la prépondérance des prolétaires sur les autres classes de l'État, soit qu'il provienne de l'influence acquise par l'armée, soit qu'il ait été l'effet de la conquête.

Les distributions publiques d'argent ou de

vivres, sont encore un autre caractère particulier du gouvernement despotique.

Le despote, pouvant être en butte à chaque instant aux caprices ou aux fureurs du peuple, sent bientôt la nécessité d'avoir un trésor, c'est-à-dire, une réserve où il puisse, dans un cas pressant, trouver des fonds suffisans pour faire des largesses et conjurer l'orage.

On observera en général, que les distributions publiques et régulières n'ont lieu que dans le premier période de l'établissement du despotisme; à mesure que sa durée se prolonge, son action désorganisatrice se faisant sentir davantage, les distributions deviennent rares, et à la fin, on se trouve dans la nécessité absolue d'y renoncer. Les propriétaires, dégoûtés de l'agriculture par les injustices dont on les accable, ne font guère venir au-delà de ce qui est strictement nécessaire à leur subsistance.

De-là les famines fréquentes, jusqu'à l'époque où la population, trop nombreuse pour le despotisme, se trouve réduite à un état de faiblesse extrême, où elle reste ensuite stationnaire. Il convient d'observer que cet inconvénient, sans doute fort grave, est très-souvent balancé ou atténué par la fertilité du sol; au surplus, la condition du très-bas peuple, sous le despotisme, est loin, en général, d'être aussi déplorable qu'on l'imagine communément; il jouit d'une profonde tranquillité, végète dans une inaction que rien ne trouble, et qui n'est pas dépourvue d'une certaine douceur.

L'action du gouvernement et le poids des impôts porte uniquement sur les propriétaires et sur les gens qu'on suppose posséder quelque fortune; ceux-là peuvent être impunément vexés et maltraités, personne ne prendra leur défense, au contraire on se réjouira de leurs souffrances. Le despotisme est une forme de gouvernement organisé tout à l'avantage de ceux qui n'ont rien et au détriment de ceux qui possèdent; ceux-ci, pour peu qu'ils aient l'air d'avoir quelque chose au-delà du strict nécessaire, passent leur existence dans des angoisses et des persécutions continuelles; disons plus, sous le despotisme, il n'y a point à proprement parler de propriétaires, mais uniquement des usufruitiers. Ceux qui possèdent le sol sont les fermiers, les colons du despote, considéré comme le dépositaire révocable de la souveraineté du peuple; aussi, dans le gouvernement despotique n'hérite-t-on que sous le bon plaisir du prince, qui, en vertu des lois fondamentales de l'État, peut s'approprier à son gré partie ou totalité de la succession. Il est inutile d'observer que ce principe, qui est vrai à la rigueur, eu égard à la nature du gouvernement dont nous parlons, est presque toujours modifié dans l'application; s'il en était autrement, le pays tomberait en friche et finirait par être hors d'état de nourrir un seul habitant.

Le gouvernement despotique, quelque vicieux qu'il soit dans ses effets et dans sa forme, offre néanmoins des élémens de durée et repose sur des bases solides; il a pour appui la partie non propriétaire de la nation, qui est étroitement intéressée à son existence, puisque c'est sur elle exclusivement que sont concentrés tous les avantages sociaux et politiques. Ajoutons que pour parvenir aux diverses fonctions de l'État, il ne faut ni instruction, ni naissance, mais uniquement les talens naturels; quiconque les a reçus de la nature, fut-il le dernier homme du peuple, ou le plus vil artisan, a une chance certaine d'un avancement illimité; il ne s'agit pour lui que de fixer les regards du prince ou du visir. A-t-il du courage? on en fera un général; du goût pour la construction? un architecte; de la souplesse et de l'agrément dans le caractère? on l'admettra à la cour; aime-t-il la mer?

on en fera un amiral; a-t-il un sens droit? on en fera un juge. L'extrême simplicité du ressort qui fait mouvoir le despotisme se prête merveilleusement à toutes ces métamorphoses qui enchantent l'imagination du vulgaire et flattent vivement son orgueil, en lui donnant le sentiment que l'égalité absolue règne partout.

Sous le despotisme, comme nous l'avons déjà dit, les propriétaires sont en proie à des vexations continuelles. Certains d'avance de ne jouir que d'une faible partie de leurs revenus, ils s'abandonnent au découragement et à la langueur. Tous cherchent à cacher leur fortune et à paraître misérables. Dans les pays soumis au despotisme, il est rare de voir réparer une maison, creuser un fossé, planter un arbre. En faut-il davantage pour conclure que cette forme de Gouvernement, essentiellement ennemie de la propriété et de l'agriculture, ne peut exister que sur un sol fertile, comblé des bienfaits de la nature, et où l'homme, favorisé par la douceur du climat, n'ait à subvenir par son travail qu'à un petit nombre de besoins. Les pays chauds et fertiles sont donc les seuls où le despotisme puisse s'établir. Une expérience générale confirme cette observation. Les Etats despotiques de l'Asie et de l'Europe sont précisément les plus belles contrées de l'ancien Monde. Les pays froids au contraire repoussent le despotisme et n'admettent guères que des Gouvernemens modérés. Dans ces contrées, l'homme obligé de lutter sans cesse contre une nature sévère, ne parvient qu'à force de travail et d'industrie à soutenir son existence. L'air même qu'il respire est un ennemi mortel contre lequel il est sans cesse obligé de se garantir. Enfin, il lui faut pour se nourrir un volume d'alimens beaucoup plus considérable qu'aux habitans des pays chauds, qui trouvent aisément leur subsistance dans les productions spontanées de la terre. Sous un climat rude, un prince qui affaiblirait par ses exactions les ressources de ses sujets, les condamnerait à une mort inévitable. Toute leur force, tout le produit de leur travail leur est nécessaire pour vivre. Le Gouvernement y doit donc prélever les impôts avec beaucoup de discernement et de mesure, et les proportionner soigneusement aux facultés des contribuables. Avec cette précaution, et grâce aux progrès de l'industrie, il parviendra à leur faire supporter des charges très-considérables. Ainsi, la physique nous apprend que le corps humain est susceptible de porter des poids énormes, pourvu qu'ils soient convenablement répartis. En résumé, on peut dire que plus le climat est rigoureux, plus le Gouvernement doit être doux, et que plus le climat est doux, plus le Gouvernement peut être rigoureux.

Il nous semble que les considérations qui précèdent, rendent raison de la théorie de Montesquieu, sur les climats et sur leurs rapports avec les diverses formes de Gouvernement.

On doit sentir que chez un peuple où la propriété est concentrée dans un très-petit nombre de mains, la conversion au despotisme est plus facile que si la propriété était répartie plus également entre les habitans du sol.

Il suit encore de ce qui vient d'être dit, que plus la propriété sera divisée, ou ce qui est équivalent, plus la classe moyenne sera nombreuse, moins il restera de chances pour l'établissement du despotisme.

Les arts industriels et le commerce ont pour effet direct de donner un développement excessif aux classes intermédiaires de la société. Il est en outre dans la nature du commerce de créer des biens d'une espèce particulière, qui ne tirent point leur existence du sol, et qu'on appelle *meubles*. Ces sortes de biens sont les plus aisés à ravir et à déplacer, représentent beaucoup de valeur sous très-peu de volume, et ont cette qualité particulière d'exciter à un degré extraordinaire la cupidité des hommes. Tous ces motifs réunis rendent l'industrie et le commerce incompatibles avec un ordre de choses arbitraire ou irrégulier. On peut même dire, qu'à raison des intérêts qui en résultent, le despotisme est maintenant devenu impossible dans l'Europe civilisée. On peut affirmer que cette forme de Gouvernement aurait disparu depuis longtemps des pays où elle existe, si la fertilité de ces riches contrées, la douceur du climat et les mœurs de leurs habitans n'avaient pas opposé des obstacles invincibles à l'introduction du commerce.

J'ignore si les autres peuples, et notamment ceux d'une grande partie de l'Amérique, ne doivent pas s'en féliciter; car le coton, le café, l'huile, le tabac, la laine, le sucre, le vin qu'ils sont en possession de fournir au commerce, n'auraient pas manqué de baisser de prix. La masse de ces denrées, déjà trop considérable en ce moment, eu égard aux besoins des nations civilisées, aurait augmenté au moins du double, tandis que le nombre des consommateurs serait resté à peu près le même. Or, rien de plus contraire au commerce qui exige toujours, pour prospérer, qu'il y ait peu de vendeurs, beaucoup d'acheteurs, et qui, par le genre de vie de ceux qui s'y livrent, et peut-être par sa nature, cesse d'être lucratif et même devient ruineux du moment où les marchandises approchent de leur prix réel. Le prix réel d'une marchandise se compose de la rente de la terre et du salaire de l'ouvrier. Il serait facile de prouver que les denrées de luxe, qui font la matière du commerce extérieur, sont presque toujours fort au-dessus ou fort au-dessous de leur prix réel, et que l'effet de l'encombrement du marché est de les faire tomber fort au-dessous. Aussi quand les négocians ne s'enrichissent pas, crient-ils, et avec raison, qu'ils se ruinent. C'est ce que sentait parfaitement cette compagnie de négocians hollandais, qui, de peur que le prix du poivre ne devînt trop bas, faisait brûler tous les ans une quantité considérable de celui qu'elle récoltait dans ses établissemens. C'est encore sur ce principe que sont fondées les caisses d'amortissement, qui ont un résultat si efficace pour soutenir le cours des effets publics. Ajoutons, qu'en fait de commerce, le Midi fournit toujours au Nord, attendu que le Nord a besoin des productions du Midi, et que ce dernier n'a, pour ainsi dire, aucun besoin du Nord. Ce que nous venons de dire doit être un peu modifié par rapport aux manufactures et aux fabriques. Ce genre d'industrie, très-approprié aux climats tempérés, prospère difficilement dans les pays qui sont très-chauds ou très-froids.

Il ne faut point confondre le despotisme avec le Gouvernement absolu. Nous observerons, sous ce rapport, que c'est à tort qu'on a dit que le despotisme avait existé en France sous Louis XIV, et plus récemment, sous Buonaparte. On voit encore que le Danemarck, la Russie, l'empire de Chine, ne sont pas des Etats despotiques, quoiqu'on ait l'habitude de les qualifier ainsi.

Il n'y a point de monarchie sans corps intermédiaire, dont les fonctions consistent à participer plus ou moins directement à la confection des lois. Lorsque le prince parvient par son influence à paralyser, à suspendre ou à asservir l'action de ces corps politiques, la monarchie devient absolue.

Ainsi, en France, la monarchie était absolue quand Louis XIV forçait le Parlement d'enregistrer ses ordonnances, et, plus tard, quand Buonaparte obtenait du Sénat et du Corps Législatif toutes les levées d'hommes et d'argent qu'il lui plaisait de demander. On peut dire, en un sens parfaitement analogue, que dans la république romaine, la dictature était un pouvoir *absolu*. Pareillement, César, à Rome, exerçait un pouvoir absolu quand il rédigeait chez lui les sénatus-consultes et les faisait mettre à exécution sans en donner connaissance au Sénat.

La monarchie absolue est celle où le Roi fait les lois et décrète les impôts sans recourir aux corps intermédiaires qu'il serait tenu de consulter, soit en vertu des usages, soit en vertu des lois fondamentales du royaume. Mais se passer des corps intermédiaires, en suppose l'existence, et c'est en cela que la monarchie absolue diffère essentiellement du despotisme, forme de Gouvernement qui n'admet point ces sortes de corps, et où le despote est l'unique dépositaire de tous les pouvoirs.

On comprendra aisément, d'après ce qui vient d'être dit, que la monarchie absolue est moins une forme de Gouvernement particulière qu'un Etat extraordinaire, résultant de certaines circonstances dont l'action n'est pas susceptible en général de se prolonger bien long-temps.

Il est rare que la monarchie absolue dure plus d'un règne.

Les victoires et les conquêtes sont la voie la plus ordinaire pour y parvenir. Les armées sont des corps simples, homogènes, soumis à un pouvoir absolu, et dont le caractère essentiel est d'obéir aveuglément sans observation ni résistance. Ajoutons que rien n'est plus propre à éblouir et à intimider les peuples que l'appareil imposant de la force, et que rien ne les dispose mieux que les succès militaires à consentir avec joie à tous les sacrifices qu'on leur demande. Enfin, les dépenses de la guerre n'étant susceptibles ni de discussion ni de contrôle, il serait presque toujours imprudent et dangereux de refuser à un général les secours qu'il réclame. Or, dès qu'une fois un prince conquérant a triomphé de la répugnance des corps constitués à lui accorder des impôts sans en discuter la nécessité, il peut se flatter désormais d'y trouver peu d'opposition, à moins qu'il ne vienne à essuyer de grands revers. Une expérience constante a prouvé que, dans une république aristocratique, ou autre, dont l'institution est sur le déclin, et où les prolétaires sont nombreux, un général victorieux, qui possède l'affection des soldats, a une extrême facilité à dissoudre toute assemblée délibérante et à usurper le pouvoir, La république de Venise ne confiait qu'à des étrangers le commandement de ses troupes.

Un prince peut parvenir encore à la monarchie absolue, en favorisant les citoyens d'une classe aux dépens de ceux d'une autre. Louis XIV, pour accroître son pouvoir, ne se contenta pas de faire la guerre. Il éleva le tiers-état et rabaissa la noblesse. On sent, de reste, qu'il dut se faire ainsi un grand nombre de partisans. Buonaparte continua le même mouvement, mais dans une direction différente : il se concilia le tiers-état en présentant partout des chances de fortune et d'avancement, en multipliant, au-delà de toute croyance, les places à gros appointemens, et en tirant du sein de la nation une nouvelle et nombreuse aristocratie, sans être guidé dans son choix, pour la composer, par d'autre considération que par l'éminence du mérite et le dévouement à sa personne.

En Danemarck, la couronne était élective. A chaque vacance du trône, la noblesse nommait le Roi; le gouvernement y était donc purement aristocratique. Frédéric III, prince guerrier, rendit du même coup la royauté héréditaire et absolue. Il favorisa le tiers-état, et se coalisa avec cet ordre pour contraindre la noblesse, renfermée dans Copenhague, à renoncer authentiquement, et par capitulation en forme, à la plupart des priviléges dont elle jouissait précédemment. La Pologne a péri misérablement, victime de la perfidie de ses voisins, avant d'avoir subi une révolution analogue, qui, semblable à une crise salutaire, aurait mis fin à ses agitations intérieures. Il n'est pas inutile de remarquer que depuis l'établissement, en Danemarck, de la monarchie absolue, ce pays s'est constamment mêlé dans une foule de guerres qui n'ont laissé entre elles que de très-courts intervalles de paix.

La Russie est une monarchie aristocratique féodale. A la Chine, la monarchie paraît être tempérée.

Le Roi, dans la monarchie absolue, jouit d'un pouvoir sans borne. Il suit de là que ce n'est que par une extrême modération, et par une grande impartialité dans les actes de son administration intérieure, qu'il peut conserver ce pouvoir qu'il n'a acquis, la plupart du temps, que par une ambition démesurée, secondée par des succès extraordinaires.

Le monarque absolu, qui tient à maintenir son autorité dans toute sa plénitude, ne saurait être trop réservé sur ce qui a rapport au prélèvement des impôts. C'est le principal caractère auquel on pourra juger de la modération effective de son gouvernement. On conçoit d'ailleurs que ses sujets, moins surchargés de taxes, seront moins portés à regretter l'action des corps intermédiaires qui étaient précédemment en possession de défendre leurs intérêts et de représenter leurs droits.

Le vrai moyen de transformer bientôt une monarchie absolue en une monarchie tempérée, serait donc d'agraver les impôts. Un degré de plus d'augmentation dans les taxes, changerait une monarchie tempérée en une monarchie représentative. La monarchie représentative diffère de la monarchie tempérée, en ce que les intérêts du tiers-état y sont représentés d'une manière distincte et régulière.

Un prince qui diminuerait beaucoup les charges publiques, pourvu qu'il fût bien manifeste que cette diminution provînt de son fait, trouverait peu de difficulté à rendre son autorité absolue.

On peut dire en général que les peuples ne sont susceptibles de payer qu'une certaine quantité d'obéissance, et une certaine quantité d'argent. Plus les Rois en exigent d'argent, moins ils doivent en attendre d'obéissance; et plus les peuples de leur côté veulent participer à la législation. La raison en est simple. Ils sentent davantage le besoin de défendre et de conserver les moyens d'existence et de fortune qu'on leur laisse.

L'histoire d'Angleterre présente à la suite les uns des autres un grand nombre de Princes acquérant par la guerre le pouvoir absolu, et le perdant bientôt après par les demandes excessives d'argent dont ils accablèrent leurs sujets.

Le Monarque absolu n'ayant aucun compte à rendre des dépenses de l'État, peut aisément se faire un trésor, pour peu qu'il soit doué de prévoyance et de sagesse. Aussi, quand la monarchie devient absolue, est-il ordinaire de voir le Prince se faire un trésor. C'est ce qui eut lieu en Prusse quand la monarchie y fût absolue. C'est ce qu'on a vu également en France sous Buonaparte.

L'existence d'un trésor et l'extrême modicité des impôts, sont le double caractère de ressemblance qui existe entre le despotisme et la monarchie absolue.

CONCLUSION.

Jusqu'à présent la politique a été plutôt une science conjecturale que positive. Montesquieu en a déduit les principes, avec une admirable sagacité, des documens historiques que les âges avaient amassés jusqu'à lui. Il est pourtant vrai de dire que ces principes, par la manière dont ils étaient exposés, n'offraient pas cette évidence incontestable qui force la conviction, et impose silence à tous les doutes. Ce qui le prouve, c'est en premier lieu qu'ils ne sont pas universellement admis comme ils mériteraient de l'être; en second lieu, l'impossibilité où l'on se trouve si souvent, quand on traite de matières politiques, de poursuivre la mauvaise foi, le sophisme et l'esprit de faction jusque dans les derniers retranchemens. Les serre-t-on de trop près, ils se perdent dans les nuages et se jouent des efforts de leurs adversaires, étonnés, sans pouvoir s'en rendre raison, de sentir la terre manquer sous leurs pas. Dans l'écrit qu'on vient de lire, nous avons essayé de placer la politique au rang des sciences exactes, en l'appuyant sur deux bases fixes, l'état de la population et celui du territoire. Nous avons fait en sorte de prouver que la solution de toutes les questions politiques et historiques est susceptible d'être obtenue rigoureusement à l'aide de ces deux données.

APPENDICE.

NOTE

RELATIVE AUX ÉVÉNEMENS DE L'HISTOIRE D'ANGLETERRE.

Nous avons dit plus haut (page 69) que l'affranchissement des communes en France, fut opéré per l'influence royale et contre les intérêts de la noblesse. En Angleterre, les choses suivirent une marche analogue, mais différente. Les longues guerres que les rois eurent à soutenir contre les étrangers qui venaient, à main armée, chercher des établissemens dans leur île; les guerres, non moins nombreuses, qu'ils dirigeaient contre la France, dès qu'au-dedans ils avaient quelque instant de repos, leur procurèrent un pouvoir très-étendu sur leur peuple, dans le temps même où la féodalité était encore dans toute sa force. Ces princes, jaloux d'agrandir leur autorité intérieure, sentirent de bonne heure le désir d'abaisser les grands, dont la puissance, rivale du trône, leur faisait ombrage. Ils s'empressèrent donc d'affranchir les communes qui, ne faisant que de s'organiser et de naître, étaient trop faibles encore pour pouvoir se passer de la protection immédiate des seigneurs respectifs qui les avoisinaient. A l'ordinaire des conquérans et des barbares, les rois d'Angleterre, faisant tout avec passion, et sans tenir compte des circonstances, se mirent bientôt à accabler d'exaction les seigneurs ou barons, et les communes. Les seigneurs opprimés se liguèrent avec les communes, levèrent l'étendard de la révolte et obligèrent le roi Jean Sans-Terre, à leur accorder cette fameuse Charte que les Anglais considèrent comme le titre et le fondement sur lequel reposent leurs libertés. C'est de cette époque que date l'existence du Parlement, composé de la Chambre des Pairs et de celle des Communes. On voit qu'en Angleterre les communes, ou le tiers-état, furent redevables de leurs libertés à la noblesse, tandis qu'en France, elles durent ce bienfait à la couronne. Cette différence est caractéristique ; elle a influé d'une manière constante sur tous les événemens qui se sont passés dans ces deux pays.

Il s'écoula un très-long intervalle avant que les deux Chambres du Parlement, et notamment celle des communes, se fussent mises en rapport avec la nation, et jouissent sur elle d'assez d'influence pour défendre les intérêts qu'elles représentaient. Cela doit être attribué, d'une part, à ce que l'affranchissement des communes avait été prématuré; d'autre part, au système de guerre perpétuel auquel se livrèrent les rois de ce pays; enfin, à ce que le gouvernement représentatif, organisé de très-bonne heure en Angleterre, dans tous ses développemens, ne devient un besoin que pour un peuple déjà avancé dans sa civilisation, et où le tiers-état est fort et nombreux.

A une époque plus avancée, lorsque les princes formaient des demandes d'argent plus considérables qu'à l'ordinaire, le Parlement se réveillait comme par accès, et s'opposait avec force à ces nouvelles prétentions. Alors les rois, qui toujours avaient soin d'alimenter la guerre, en étaient quittes pour dissoudre le Parlement et pour en appeler en quelque sorte à la nation, en lui demandant, à titre de don, les sommes que le Parlement avait refusées. Il n'est peut-être pas inutile de remarquer que l'opposition aux levées d'argent partait alors de la Chambre haute, qui entraînait, dans son mouvement de résistance, la Chambre des communes, laquelle était, à l'égard de la première, dans un état de dépendance et de subordination. Une fois le Parlement dissout ou prorogé, le roi se trouvait en rapport avec le tiers-état, qui se prêtait à ses vues, par faiblesse, par amour-propre, par opposition contre les nobles, et qui, en outre, à mesure que la féodalité s'affaiblissait par le progrès de l'industrie et du commerce, trouvait dans l'appui du prince une protection qui lui convenait davantage.

Au bout d'un certain espace de temps, on rassemblait un nouveau Parlement, et les choses continuaient à aller à peu près comme par le passé.

Il faut observer, qu'en général, les impôts ordinaires se levaient d'après le vote du Parlement, et que le prince ne s'adressait au peuple que pour subvenir aux besoins extraordinaires.

Il n'est point de pays où les débats, pour régler la succession de la couronne, aient été plus compliqués qu'en Angleterre, et où ils aient donné lieu à des guerres plus sanglantes. Le Parlement, appelé toujours en dernier ressort à intervenir dans ces querelles, pour reconnaître et sanctionner le droit du compétiteur le plus heureux ou le plus fort, acquit ainsi une influence politique très-considérable.

Cette influence fut encore accrue par le besoin

qu'eut Henri VIII, d'obtenir son assentiment, pour introduire en Angleterre la réforme religieuse. Ce prince absolu, en appelant le Parlement à concourir avec lui à opérer une révolution de cette nature, lui reconnaissait, par le fait, un pouvoir très-étendu. Il ruinait aussi, sans s'en apercevoir, les fondemens de l'obéissance servile qu'il aimait à trouver dans cette assemblée.

Henri VIII s'étant borné, pour ainsi dire, à rompre les liens qui unissaient l'Eglise d'Angleterre au trône pontifical, n'aurait pas voulu étendre plus loin la réformation; il fit même des efforts incroyables pour en arrêter les progrès; mais l'impulsion était donnée, elle s'accomplit sous son successeur.

Depuis le règne de Henri VIII, jusqu'à celui de Charles Ier, le commerce et l'industrie firent en Angleterre de vastes progrès. Le tiers-état acquit des richesses et de l'importance. Toutefois il ne sépara point sa cause de celle de l'aristocratie, dont il n'avait aucune raison de se défier, puisqu'il lui était redevable de ses libertés. En outre, il était bien manifeste que la tyrannie partait uniquement du trône. Les nobles d'ailleurs, en vouant au commerce les puînés de leurs enfans, avaient établi entre eux et le peuple des liens étroits d'affection et d'amitié. Le mouvement de civilisation dont nous venons de parler, augmenta nécessairement la puissance du parlement, et fit descendre dans la Chambre des communes l'opposition qui jusqu'alors ne s'était manifestée que dans la Chambre des pairs. D'autre part, les rois d'Angleterre persistèrent dans leurs prétentions au pouvoir absolu. Un choc devint donc inévitable. L'infortuné Charles Ier en fut la victime. Comme ses prédécesseurs, il voulut se passer du Parlement pour lever des impôts, et il y réussit jusqu'à certain point. Il entreprit deux expéditions contre la France. Si elles avaient été heureuses, elles auraient contribué puissamment à affermir son autorité; mais elles échouèrent complétement. Il en fut de même d'une guerre que Charles Ier essaya de faire contre les Calvinistes écossais. Enfin, le besoin d'argent le réduisit bientôt à la dure nécessité de convoquer le Parlement. Quoique Charles Ier se fût résigné d'avance à faire de très-grands sacrifices, ceux que la nouvelle assemblée exigea de lui, étaient si exorbitans, qu'il lui fut impossible d'y accéder. Il jugea donc qu'il n'avait d'autre parti à prendre que d'aller se mettre à la tête d'un corps de troupes, et d'essayer de réduire par la force des sujets qu'il ne pouvait plus gouverner.

A l'époque dont nous parlons, le tiers-état avait acquis une influence extraordinaire. Il entraînait dans son mouvement la Chambre haute. Celle-ci cédait sans méfiance à cette impulsion, car elle voyait le tiers-état, plus uni que jamais avec elle, diriger tous ses efforts contre la royauté absolue, également odieuse à toutes les classes de la nation. La Chambre des pairs était loin de penser que le tiers-état la conduisait à la république. Le tiers-état lui-même croyait procéder simplement à la réforme de quelques abus. En effet, quand on abandonne les voies de la monarchie, la route qui mène à la république ne diffère presque en rien de celle qui va à l'aristocratie; celle-ci n'étant elle-même qu'une espéce de république. On ne descend d'ailleurs que par degrés. La Chambre des pairs, placée dans une situation jusqu'alors sans exemple, pouvait donc penser, avec quelque apparence de raison, qu'on s'arrêterait à une forme de gouvernement qui lui conserverait ses priviléges et ses avantages politiques. Enfin, n'appréhendant rien pour elle-même, elle n'avait aucun motif suffisant pour se déclarer en faveur de la couronne. Il est même à présumer qu'elle l'aurait essayé en vain.

En vertu de cette disposition des esprits, on

peut dire que dans ses discussions avec le Parlement, Charles Ier avait pour lui la noblesse de cour; contre lui, la noblesse politique.

Une cause qu'il est impossible de passer sous silence, contribua beaucoup à accélérer la révolution qui se préparait. Henri VIII, en faisant changer de religion à ses sujets, avait ébranlé les croyances, éveillé les doutes et rendu facile aux novateurs tout changement analogue à celui qu'il avait opéré. Vers le temps dont nous parlons, une secte qu'on nommait le *presbytérianisme*, et qui avait une grande conformité avec le calvinisme, se propagea rapidement en Angleterre, et finit par attirer à elle la majeure partie de la nation. Les presbytériens avaient pour maximes que chaque individu était en droit d'interpréter l'Écriture Sainte à sa manière; que l'épiscopat et la hiérarchie religieuse, étaient des choses purement arbitraires qu'on pouvait changer, modifier ou même supprimer, sans porter atteinte en rien aux bases fondamentales de la religion. On conçoit qu'une secte qui, en détruisant la hiérarchie du catholicisme et proclamant l'égalité, l'infaillibilité ou la souveraineté de chaque fidèle, portait, si l'on peut s'exprimer ainsi, la république dans la religion, était de nature à plaire singulièrement à des hommes qui avaient un penchant si violent pour les institutions républicaines.

Les Anglais, devenus presbytériens, abolirent l'Eglise d'Angleterre, les évêques et la liturgie. Immédiatement après, ils se divisèrent en deux partis. Maîtres absolus de leur croyance, ils la modifièrent au gré du système politique qu'ils préféraient. Ceux qui tenaient à l'aristocratie et à la monarchie se firent *presbytériens* proprement dits, les républicains se firent *indépendans*. Les presbytériens voulaient une Eglise gouvernée par un clergé élu par le peuple. Les indépendans ne s'en tenaient pas là. Ils allaient plus loin; ils abolissaient le clergé, et soutenaient que tout homme pouvait prier en public, exhorter son auditoire, et expliquer l'Ecriture. On voit qu'en Angleterre chaque parti avait une croyance plus *républicaine* que les principes politiques qu'il affichait. Ainsi, les partisans de l'aristocratie, devenus *presbytériens*, eurent une religion dont les formes étaient républicaines; et les républicains, devenus *indépendans*, eurent une religion dont les formes ne différaient en rien de la démocratie pure.

Au reste, l'exaltation religieuse et politique était à son comble parmi les Anglais.

Le Parlement opposa une armée à celle que

Charles Ier se préparait à diriger contre lui. Avant de commencer les hostilités, il y eut de de part et d'autre des négociations : elles furent sans effet. Les dernières propositions qui furent adressées par le Parlement à Charles Ier, tendaient à donner à l'Angleterre un gouvernement aristocratique. Cette circonstance remarquable, eu égard aux événemens qui suivirent, prouve que la Chambre des pairs, en ce moment critique, jouissait encore de beaucoup de prépondérance sur la nation, ou que la Chambre des communes renfermait dans son sein beaucoup d'élémens aristocratiques. Au surplus, peut-être est-il vrai qu'un Etat ne peut passer de la monarchie aux institutions républicaines, sans tendre, d'une manière plus ou moins marquée, au gouvernement aristocratique.

Soit irrésolution, soit faiblesse, Charles Ier ne sut pas profiter des premiers avantages qu'il remporta et qui paraissaient presque décisifs. Jacques II, placé depuis dans la même position, commit la faute, encore plus grave, d'abandonner ses partisans et son armée, et de quitter le trône sans combattre.

On peut remarquer, au contraire, que Cromwell eut constamment pour maxime de ne pas laisser respirer ses ennemis qu'il ne les eût anéanti. Mais revenons à Charles Ier. Vaincu bientôt après de manière à ne plus conserver aucune ressource, il fut réduit à la dure nécessité de se remettre à la bonne foi de l'armée écossaise. Celle-ci trahit lâchement les droits de l'hospitalité envers son souverain fugitif et malheureux. Elle le livra, moyennant une somme d'argent, à ses sujets révoltés qui l'enfermèrent dans un château-fort.

Le seul fait de la captivité du roi donna au parti républicain une énergie extraordinaire, et fit passer dans la Chambre basse l'influence politique que possédait la Chambre haute. Ainsi, l'Angleterre se précipitait rapidement vers le gouvernement républicain ; mais un obstacle qu'on était loin de prévoir, changea la direction des affaires.

Cromwell, général de l'armée parlementaire, quoiqu'il n'y eût que Fairfax qui en portât le titre, était devenu l'idole des soldats. Puritain zélé, Cromwell était un des propagateurs les plus ardens de la secte des indépendans. Voyant entre ses mains toutes les forces de l'Angleterre, il en profita pour opprimer le Parlement. Sous prétexte de défendre, auprès de ce corps, les droits des soldats et de leur faire obtenir les avantages que leurs services méritaient, il organisa provisoirement une espèce de gouvernement militaire dont il était l'âme. Il forma un conseil d'officiers et un autre de simples soldats appelés *agitateurs*. La destination de ces deux conseils était de s'enquérir des griefs de l'armée et de les exposer au Parlement. Il n'est pas d'armée qui résiste à un pareil moyen de séduction. On vit dès-lors entre le Parlement et les troupes de Cromwell, la répétition de tout ce qui s'était passé peu de temps auparavant entre le roi et le Parlement. A mesure que les communes accédaient à toutes les demandes qui leur étaient adressées, l'armée élevait ses prétentions. D'une part, l'armée était accusée de mutinerie et de sédition; d'autre part, elle rétorquait l'accusation et imputait au Parlement l'intention manifeste de tout régler par sa seule volonté.

Cromwell, assuré de l'affection de ses soldats, n'hésita pas à suivre la carrière ouverte à son ambition. Il s'empara de la personne du roi, détenu dans un château-fort, et le fit transporter dans un autre endroit, afin de présider plus directement au soin de le garder. La Chambre des communes, irritée d'un tel excès d'audace, s'emporta en menaces contre l'armée ; mais

Cromwell, sans se laisser intimider par ce vain bruit, se dirigea vers Londres à la tête de ses troupes, et, chemin faisant, il décréta d'accusation onze membres de la Chambre des communes des plus influens. Ce mouvement hostile inspira un si grand effroi, que les onze personnes désignées vinrent d'elles-mêmes se rendre à sa discrétion et n'hésitèrent pas à se bannir de l'assemblée dont elles faisaient partie. Cromwell ne se contenta pas de cette satisfaction. Il résolut de pousser les choses à bout, afin d'avoir un prétexte pour désorganiser la Chambre des communes, dont l'esprit républicain ne pouvait manquer de faire ombrage à un guerrier tel que lui, qui aspirait au despotisme militaire. Il continua donc sa route vers la capitale. La Chambre des communes, par un retour de courage, lança contre lui un manifeste foudroyant, mais qui resta sans effet. Toutes les assemblées délibérantes sont bien faibles contre l'appareil des armes, et le pouvoir militaire en a bien vite fait justice. C'est là l'écueil sur lequel viennent périr les républiques conquérantes. L'approche de Cromwell suffit pour faire éclater une scission dans la Chambre des communes, qui n'avait aucune force réelle à lui opposer. Soixante-deux membres se rendirent à son camp et l'escortèrent jusqu'à Londres, dont les portes lui furent ouvertes par ceux-là mêmes qui, dans l'assemblée, avaient opiné le plus fortement pour qu'on s'opposât à son entrée. Le général Fairfax, malgré l'injonction formelle du Parlement, était allé également à la rencontre de Cromwell. Le Parlement lui donna le commandement de la Tour de Londres, et lui fit décerner des remerciemens, au nom des deux Chambres, pour avoir désobéi à ses ordres.

Les presbytériens (les partisans de l'aristocratie), et les indépendans (les républicains), justement alarmés de la conduite tyrannique de Cromwell, se décidèrent à entrer en négociation avec Charles Ier, leur prisonnier. Ce monarque infortuné crut voir briller un instant une lueur d'espérance, mais il ne tarda pas à se convaincre, par la contradiction des deux partis, et par l'insignifiance et la timidité de leurs offres, que son sort dépendait uniquement des généraux et des dispositions où était l'armée.

Sur ces entrefaites, une nouvelle secte, qui dérivait de celle des indépendans, mit en danger la puissance de Cromwell. Les *levellers*, qui n'étaient autres que des prolétaires, avaient pour dogmes religieux et politiques, de ne reconnaître d'autre chef spirituel et temporel que Jésus-Christ. Ils demandaient l'abolition des rangs et des honneurs, et l'égalité des biens. On voit par-là, qu'ils différaient peu de nos démocrates absolus. Ces sectaires présentèrent au Parlement plusieurs pétitions dont l'insolence et l'audace dépassaient toutes les bornes. Cromwell apréhendant singulièrement cette faction qui, en outrant tous ses principes, tendait sérieusement à compromettre sa puissance, résolut de l'anéantir d'un seul coup ou de périr dans cette entreprise. Apprenant que les *levellers* s'étaient réunis dans un endroit qu'on lui désigna, il marcha contre eux avec ses troupes, les somma de se disperser, et, sur leur refus, les fit charger par ses troupes et en fit pendre un grand nombre sur la place. Depuis cet exemple rigoureux, et peut-être nécessaire, on n'entendit plus parler des *levellers*.

Vers le même temps, les Écossais honteux de l'indigne conduite que leur armée avait tenue à l'égard de Charles Ier, se soulevèrent en faveur de ce prince. La noblesse anglaise, dont les yeux s'étaient enfin dessillés, sentit qu'elle devait justement s'alarmer de l'influence qu'acquéraient journellement les idées républicaines, et de la nullité à laquelle étaient réduites l'aristocratie et les classes supérieures de la nation. De leur côté, les républicains étaient également mécontens de la situation des affaires et de la prépondérance qu'exerçait Cromwell. Ils s'apercevaient clairement que l'Etat, loin d'être libre, n'avait fait que changer de maître.

Par un concours inespéré de circonstances, les deux Chambres du Parlement se trouvaient réunies d'intérêt et de vues. En l'absence de Cromwell, elles renouèrent, avec Charles Ier, les négociations déjà entamées. Tout promettait un heureux succès, mais les mesures furent déconcertées par la promptitude avec laquelle fut achevée l'expédition contre les Ecossais. Cromwell, secrètement averti du coup qui le menaçait, et appréciant sa position et les obstacles qu'il avait à vaincre, arriva, au moment où on l'attendait le moins, à la tête de son armée victorieuse, et dont il avait parfaitement disposé les esprits pour parvenir au but qu'il avait en vue. L'armée demanda au Parlement de mettre le roi en jugement, accusant ce monarque infortuné d'être la cause de toutes les calamités de l'Etat. Ces réclamations furent bientôt appuyées par des pétitions de toutes les garnisons du royaume. Fairfax commandait un corps d'armée particulier, et était en outre spécialement chargé de la garde de Charles Ier, détenu dans l'île de Wight. Ce général, aveuglé par l'espoir de partager un jour avec Cromwell la suprême puissance, ne s'apercevait pas qu'il n'était que l'instrument servile de son astucieux collègue. A l'instigation de ce dernier, il prit sur lui d'entraver les négociations qui se poursuivaient entre le Parlement et Charles Ier : il transféra ce dernier de l'île de Wight au château de Hurst. Le Parlement, justement indigné de cet acte arbitraire, s'en plaignit de la manière la plus forte. Cromwell dès-lors vit qu'il n'avait plus rien à ménager, et qu'il fallait au plus tôt s'assujétir le Parlement et faire périr Charles Ier.

Il envoie un message au Parlement pour lui annoncer qu'il arrivera à Londres le lendemain à la tête de son armée, et en attendant pour lui intimer l'ordre de lever sur les habitans une contribution de 40 mille livres sterling.

Les Chambres, effrayées de l'imminence du danger, prirent de suite les mesures nécessaires pour se procurer cette somme. Dans l'intervalle, ce général s'approchant avec son armée, vint camper sous les murs de Londres. Cependant les Communes, ne pouvant se dissimuler quels étaient les projets de Cromwell, persistaient plus vivement que jamais dans l'idée d'entrer en arrangement avec le Roi. Cromwell sentit que, dans la position où il était, il devait s'y opposer à tout prix. Les Communes déclarèrent authentiquement que c'était sans leur avis ou leur consentement que la translation du Roi au château de Hurst avait été opérée. Dès cet instant, Cromwell prit un parti décisif. Il fit emprisonner, à leur sortie de la Chambre, quarante-un membres presbytériens (partisans des distinctions sociales, et par suite, de la royauté, et qui s'apercevaient en ce moment qu'elle entraînait l'aristocratie dans sa chute). Il fit encore arrêter cent autres membres, dont il soupçonnait les intentions; en sorte qu'au moyen de cette épuration la Chambre ne fut plus composée que d'un petit nombre d'indépendans (républicains faisant partie du tiers-état), sans consistance et sans considération, et qu'on appela par dérision le *Rump*. Ces derniers s'empressèrent de déclarer que les actes qu'avait faits la Chambre, peu de jours auparavant, étaient entachés d'illégalité, et que la conduite du général était juste et nécessaire.

Ce Parlement, si l'on peut donner ce nom à

une telle assemblée, n'était qu'une réunion d'obscurs citoyens, zélés républicains, si l'on veut, et inaccessibles à la corruption, comme la suite le prouva, mais, pour la plupart, enthousiastes aveugles de Cromwell, et obéissant sans résistance à l'impulsion qu'ils recevaient des officiers qui siégeaient parmi eux. Cette Chambre séditieuse résolut, à l'unanimité, d'ériger une haute-cour de justice pour juger le Roi, comme prévenu de haute-trahison. Elle soumit, pour la forme, cette résolution à la Chambre des Pairs, où il ne restait plus qu'un petit nombre de membres qui consentissent encore à siéger. Les Pairs rejetèrent à l'unanimité une si horrible proposition. Les Communes, sans se laisser arrêter par cette courageuse opposition, déclarèrent que le concours des Pairs était inutile, et s'érigèrent en assemblée unique, en proclamant le principe de la souveraineté du peuple.

Il était bien difficile à ceux qui n'étaient pas les victimes des actes tyranniques de Cromwell, de ne pas se laisser abuser et subjuguer par l'ascendant de son génie, d'autant qu'étant à la fois membre de la Chambre des Communes et chef des indépendans, il ne manquait pas de mettre sans cesse en avant, pour justifier sa conduite, l'intérêt de la nation, les droits et la volonté de l'armée, et les maximes de sa secte. Ce nouveau Mahomet, toujours l'Évangile à la main, même au milieu des combats, savait inspirer à ses partisans un enthousiasme frénétique. Enfin, les classes supérieures se trouvant hors d'action par suite des événemens qui avaient précédé, il n'avait plus affaire qu'à la partie la moins éclairée du tiers-état, toujours aisée à tromper quand on a l'air de marcher dans son sens, quand on affiche les principes de l'égalité, et qu'on lui prodigue les honneurs et les places.

Depuis l'irruption en Angleterre des principes républicains, on a vu la Chambre des Pairs ne jouer qu'un rôle secondaire dans l'État, et perdre successivement de son importance et de sa force, à mesure qu'ils acquéraient plus d'influence. Maintenant, qu'on pousse aux dernières conséquences ces mêmes principes, la Chambre des Pairs disparaît tout-à-fait et se retire avec la royauté. Les hommes, dans leurs actions et leur conduite, obéissent plus qu'on ne pense, et à leur insçu pour ainsi dire, à l'enchaînement secret des idées et des choses; une force mystérieuse les oblige impérieusement à s'y soumettre, sans qu'ils puissent s'en rendre raison. Ici, par exemple, il eût été contradictoire d'admettre une source unique de la souveraineté (le peuple ou, pour mieux dire, le tiers-état), et d'admettre une double représentation. La Chambre des Pairs languit alors et tombe d'elle-même, comme une branche desséchée, où n'arrivent plus les sucs nourriciers. Ce phénomène politique mérite d'autant plus de fixer notre attention, qu'en Angleterre la révolution a été dirigée contre le trône et contre l'aristocratie. Celle-ci a toujours été dans ce pays un objet d'amour et de vénération pour le peuple, qui, à partir des premiers temps de la monarchie, a constamment trouvé auprès d'elle une protection efficace et assurée. On a donc lieu de se convaincre que l'aristocratie et la royauté tiennent l'une à l'autre par des liens indissolubles, même lorsqu'ils ne sont pas apparens ; et il n'est pas sans intérêt de voir les grands d'Angleterre, après avoir méconnu cette secrète correspondance, contraints à la reconnaître par la force invincible des événemens.

Dans le procès de l'infortuné Strafford, la Chambre des Pairs céda volontiers aux instances de la Chambre des Communes, qui la pressait de condamner ce ministre. Elle se flattait de limiter ainsi l'autorité royale, et d'accroître l'ascendant de l'aristocratie. Dans le procès du Roi, cette même Chambre, plus éclairée, aime mieux braver tous les dangers et se condamner à une nullité absolue, que d'attenter au principe sur lequel reposait son existence.

Une haute-cour de justice, composée de cent quarante-cinq membres, choisis, comme on le pense bien, parmi les séides de Cromwell et les puritains (républicains) les plus zélés, fut chargée de juger le Roi. Elle était présidée par un boucher de Londres nommé Bradshaw. Charles Ier, amené devant ses juges, demanda en vertu de quelle autorité ils le faisaient comparaître devant eux. Bradshaw lui répondit que c'était au nom des Communes d'Angleterre. Le Roi se récria contre l'illégalité du tribunal, qui n'aurait pu être institué qu'avec le concours des Pairs et le sien propre. En conséquence, il refusa formellement de répondre à aucune des questions qui pourraient lui être adressées, à moins qu'on ne lui prouvât, d'une manière convaincante, que le procès qu'on lui intentait n'était pas contraire aux lois fondamentales du royaume.

Le roi d'Angleterre, jugé sans avoir été entendu, fut déclaré coupable et condamné à mort. On pouvait prévoir depuis long-temps la fin tragique qui l'attendait.

Après la mort de Charles Ier, la Chambre des Communes déclara coupable de haute-trahison quiconque reconnaîtrait les droits au trône de Charles Stuart, fils de ce prince infortuné. Elle vota l'abolition de la Chambre des Pairs comme inutile et dangereuse, et proclama la république. Ainsi, la royauté et l'aristocratie, qui depuis long-temps en Angleterre n'existaient plus que de nom, expirèrent légalement le même jour: et ce qu'il y a de bien surprenant, c'est que l'aristocratie, toujours respectée, et sans avoir reçu la moindre atteinte, succomba sous les coups portés à la royauté. On ne saurait trop insister sur cette étroite liaison que nous avons déjà fait remarquer entre ces deux situations sociales. La révolution française est venue présenter, d'une manière incontestable, la confirmation de cette importante vérité, qui ne peut être méconnue sans un extrême danger. En effet, si une chose paraît démontrée, c'est que la nation française voulait sincèrement la conservation du trône; mais en même temps, par une contradiction, dont elle ne s'apercevait pas, elle prétendait abolir l'aristocratie, qu'elle avait prise en horreur à un point dont on a peine à se faire idée. En dépit de ses efforts et de ses vœux, en attaquant l'aristocratie, elle renversa le trône.

On ne peut se dissimuler qu'en Angleterre la majorité du tiers-état n'ait vu proclamer la république avec un extrême plaisir. Cromwell, insensible au vœu général, ne s'empressa point de déposer les pouvoirs dont le Parlement l'avait investi : au contraire, il chercha à les conserver et à les accroître par tous les moyens possibles, et notamment par la guerre qu'il fit constamment avec succès. Mais à mesure que son autorité se prolongea, il se vit abandonner par ses partisans. C'étaient pour la plupart des républicains de bonne foi, qui finirent successivement par ouvrir les yeux, et par s'apercevoir de l'hypocrisie soutenue avec laquelle il les avait perpétuellement trompés. Cromwell, comptant toujours sur l'affection de l'armée, qu'il ne cessait de combler de bienfaits, eut pour maxime de ne jamais jeter le masque, mais de le conserver, sauf à n'avoir pour dupes que les hommes simples qu'il pourrait abuser, et, quant aux autres, de suppléer par la force à ce qu'il perdait en popularité. Sous ce rapport, il fut, d'un bout de sa vie à l'autre, parfaitement conséquent avec lui-même. Ainsi, de même qu'on l'avait vu d'abord, quand il perdit la confiance des presbytériens, et des gens qui appartenaient aux classes supérieures de la nation, les bannir de la Chambre basse, et n'y laisser qu'un petit nombre de républicains dévoués; on le vit ensuite, fatigué du zèle et de la bonne foi de ces mêmes républicains, effrayés de sa tyrannie, les expulser violemment, et les remplacer par tout ce qu'il y avait de plus obscur et de plus ignorant parmi le peuple. Il fallait surtout, pour être appelé à faire partie de cette nouvelle assemblée, pousser le fanatisme et la confiance en Cromwell au plus haut point. Néanmoins, mécontent de cette Chambre des Communes, qui, quoique formée d'élémens grossiers, avait encore assez de discernement pour démêler ses artifices et son ambition, il se fit décerner le *protectorat* par les membres qui lui appartenaient, et fit ensuite disparaître par la force le reste de l'assemblée qui s'obstinait à siéger.

Tout en aspirant au pouvoir, Cromwell était dévoré du désir de s'entourer d'enthousiastes et d'aveugles sectaires; c'est par eux qu'il aurait voulu être porté au rang suprême, sans réfléchir que les principes religieux qu'il professait et qu'il avait contribué à répandre s'opposaient essentiellement à toute concentration de pouvoir. Persistant toujours dans les vues que nous venons d'exposer, Cromwell, quand les hautes classes furent désabusées de ses impostures, invoqua le tiers-état; quand la majorité du tiers-état en fut également désabusée, il s'adressa à la partie inférieure de cet ordre. Descendant toujours de degrés en degrés, et trouvant toujours une résistance invincible, il finit par recourir à un sénat de prolétaires, contre lequel il fut encore obligé de recourir à la déception et à la violence pour parvenir à ses fins. Quand Cromwell obtint le protectorat, il avait donc perdu sa popularité : toutes les classes de la nation l'avaient en horreur; il ne lui restait plus que l'armée. On conçoit, d'après ce qui vient d'être dit, combien étaient fondées les angoisses et les alarmes qui empoisonnèrent les dernières années de sa vie. Un tyran a beau avoir de l'énergie et de la fermeté de caractère, c'est un supplice affreux pour lui de se sentir en état d'hostilité permanent avec le peuple qu'il gouverne, et de n'apercevoir autour de soi que des visages ennemis.

Cromwell, pendant la longue durée de son protectorat, plia de nouveau l'Angleterre au joug salutaire des idées monarchiques. Il employa donc une moitié de sa vie à détruire ce qu'il avait fait dans l'autre. Il répara ainsi, à quelques égards, le mal qu'il avait causé. Mais que d'efforts ne lui fallut-il pas pour réussir dans ce projet, dont le succès lui attira la haine du peuple anglais, humilié de se voir le jouet d'un ambitieux, qui abusait de son génie et de sa force pour le façonner à son gré dans tous les sens. En effet, dès que Cromwell eut usurpé le pouvoir, sa politique fut en opposition ouverte avec les doctrines qu'il avait professées jusqu'alors; et il eut à étouffer, pour se maintenir, les opinions qu'il avait le plus contribué à répandre et auxquelles il devait son élévation : situation la plus embarrassante qu'il soit possible d'imaginer, pour un homme dont les actes et la vie sont exposés à tous les regards! Au surplus, s'il y parvint, ce ne fut qu'à l'aide de l'armée, et en donnant au pouvoir militaire une intensité proportionnée à la résistance prodigieuse qu'il avait à vaincre. Telle était encore, après la mort de Cromwell, la force et l'énergie de cette organisation militaire, qu'abandonnée à elle-même et dépourvue de son chef, elle se trouva assez puissante non-seulement pour faire abdiquer Richard Cromwell, qui n'osa pas se livrer à son action, mais encore pour renverser le fantôme de république qu'on vit apparaître à cette époque. Cependant les grands regrettaient la monarchie, comme la seule forme de gouvernement sous laquelle leur pouvoir pût renaître ; la nation en masse était dégoûtée et effrayée du joug de la soldatesque : l'armée demandait un chef. Monk profita de cette disposition des esprits et de cette réunion de circonstances pour faire remonter Charles II sur le trône de son père.

Tous les événemens qui font époque dans la vie des nations ont été extrêmement prématurés en Angleterre, et se sont pour ainsi dire accumulés les uns sur les autres. Ainsi, les rois y étaient absolus, lorsque la féodalité existait encore dans toute sa force ; les Communes furent affranchies, lorsqu'elles ne faisaient que de naître ; le pouvoir de l'aristocratie était au comble, lorsque le tiers-état y obtint son émancipation dans la personne de chacun de ses membres. Ceux-ci jouirent dès-lors, à l'égal de la noblesse, de tous les droits civils et politiques. A peine le tiers-état est-il en possession de ces avantages, qu'en dépit de sa faiblesse il entraîne dans son orbite la noblesse, toujours puissante et toujours respectée, renverse le trône, enlève à l'aristocratie ses droits politiques, sans lui porter soit directement, soit sciemment, la moindre atteinte, et proclame enfin la république. Celle-ci, détruite avant d'être instituée, tombe sous le pouvoir militaire, par lequel le peuple, malgré lui-même, se trouve ramené à l'unité héréditaire de pouvoir. Cependant, la noblesse anglaise, toujours intacte dans ses priviléges au milieu de tant d'épouvantables catastrophes, et ce qu'il y a de bien remarquable, sans avoir jamais été en opposition avec le peuple, se trouve prête, sous Charles II, à reprendre auprès du trône relevé le rang qu'elle y tenait autrefois.

Charles II gouverna en prince absolu. Sous son règne, l'Angleterre, calme et paisible, sembla avoir rétrogradé d'un siècle, et ne plus conserver aucune trace des affreuses calamités auxquelles elle avait été en proie. Il est toujours aisé, dit Tacite, de passer pour un bon prince, quand on succède à un tyran.

Sous Jacques II, les prétentions parlementaires se réveillèrent. Ce prince, partisan opiniâtre du pouvoir absolu, auquel il regardait comme un sacrilége de porter la moindre atteinte, opposa aux amis d'une sage et raisonnable liberté, des argumens théologiques et des échafauds. Non content de réduire à une nullité entière les corps intermédiaires de l'État, il voulut encore convertir ses sujets au catholicisme, et n'épargna aucune rigueur pour parvenir à ce but.

Cette nouvelle prétention mit le comble à l'indignation publique. Et le Parlement, poussé à bout, ne vit d'autre moyen de salut que d'appeler au trône Guillaume III, stathouder de Hollande. Celui-ci, arrivé à la tête d'un corps de troupes, auxquelles une partie considérable de la nation ne tarda pas à se rallier, obligea bientôt son rival, vaincu par la crainte avant de l'être par les armes, à abandonner sans résistance un royaume qu'il avait désolé et couvert de sang.

Guillaume III, d'un caractère despotique et ennemi de toute contrainte, parvint aisément, en faisant constamment la guerre, à se soustraire à la dépendance où le Parlement aurait voulu le retenir. Des succès éclatans couronnèrent toutes ses expéditions militaires. Mais le Parlement, qui aurait désiré recouvrer pour lui-même un peu d'influence politique, était loin d'y trouver son compte. Déçu des espérances qu'il avait conçues en appelant au trône Guillaume III, il usa d'abord des plus grands ménagemens avec un prince, dont l'élévation était son ouvrage et avec lequel, par cette raison, il voulait éviter d'être en opposition formelle. Mais, à la fin, fatigué de l'humeur absolue de Guillaume III, et du penchant irrésistible qui l'entraînait vers la guerre, il chercha, dans une foule d'occasions, à restreindre son autorité, et lui fit même éprouver des humiliations qui attristèrent les dernières années de sa vie.

Le coup d'Etat par lequel Guillaume III avait été appelé à la couronne, les guerres qui en furent le résultat, et la nécessité où se trouva le Parlement de résister aux tentatives ambitieuses de ce prince, contribuèrent à maintenir dans cette assemblée l'union et la bonne intelligence. Il est même à remarquer qu'à cette époque les forces de la noblesse et celles du tiers-état se balançaient parfaitement.

C'est ce qu'on peut apercevoir plus aisément en considérant le mouvement des partis sous le règne suivant, et en observant que par une cause ou par une autre, aucun ne garda constamment l'avantage.

L'Angleterre, comme tout pays où l'on permettra aux opinions de se manifester, était divisée en deux partis qu'on désignait, depuis le règne de Charles II, l'un sous la dénomination de *tory*, l'autre sous celle de *whig*.

Ces désignations de partis, qui datent d'une époque très-reculée, se sont perpétuées jusqu'à ce jour au milieu d'une foule d'événemens qui ont modifié la constitution de l'Angleterre. On ne peut donc y attacher constamment un sens fixe et invariable. *Tory* (royaliste), *whig* (républicain), sont deux expressions co-relatives, dont l'une indique les partisans de la royauté, de l'aristocratie politique et d'un gouvernement concentré; l'autre, les partisans d'un gouvernement populaire, du tiers-état, et d'une forme de constitution où le peuple est appelé à jouir d'une plus grande portion de pouvoir et de liberté. On a encore qualifié de *torys* les partisans de la dynastie des *Stuarts*, par opposition à ceux de la maison de Hanovre, et les partisans de la religion apostolique et romaine, par opposition à ceux de la religion réformée. Enfin, par une analogie qu'on conçoit aisément, tout

Anglais qui chercherait à étendre le pouvoir de la couronne, serait qualifié de *tory*, et l'homme qui agirait en sens contraire serait appelé *whig*. On n'est dans l'usage de donner une désignation particulière qu'aux membres des partis avec lesquels on est en guerre. Ainsi, l'aristocratie n'ayant jamais été, en Angleterre, l'objet d'aucune hostilité, on n'a jamais appelé ses partisans d'un nom qui les distinguât du reste de la nation. En France, au contraire, on les a désignés, pendant la révolution, sous le nom d'*aristocrates*, et l'on sait avec quelle fureur on les a poursuivis et massacrés.

Il y a une différence qui mérite d'être signalée, entre le tiers-état en France, et le tiers-état en Angleterre; c'est que l'un ayant été jadis opprimé par les nobles, est essentiellement ennemi de la noblesse, et a peu d'aversion pour la royauté; tandis que l'autre ayant été protégé par les nobles, est ennemi seulement de leurs prérogatives politiques, et dirige, de préférence, son ardeur républicaine contre les prérogatives de la couronne. Sous ce rapport, il est permis de dire que l'histoire des deux peuples est écrite dans leurs mœurs.

Anne succéda à Guillaume III. Depuis la fin

du règne de cette princesse jusqu'à nos jours, le tiers-état, en Angleterre, ou si l'on aime mieux, le parti des *whigs* a acquis, par suite des progrès de l'industrie et du commerce, un volume très-supérieur à celui de l'aristocratie. Selon l'ordre naturel des choses, le parti de la noblesse et du trône y devait donc succomber sous l'influence presque irrésistible des classes moyennes. Les guerres sanglantes, et non interrompues, auxquelles l'Angleterre s'est livrée, ou qu'on a dirigées contre elle, ont remédié à ce malheur, et leur effet le plus salutaire, a été d'empêcher l'affaiblissement du pouvoir royal. Sous ce rapport, les plus grands ennemis des Anglais leur ont rendu un service proportionné à l'acharnement avec lequel ils les combattaient. Maintenant le développement excessif de puissance et de population qu'a pris l'Angleterre, a fait passer d'un autre côté les périls qu'elle a à redouter. Ce n'est plus de la part des classes moyennes que ce pays a une révolution à craindre, mais de celle des prolétaires, que les institutions républicaines de l'Angleterre tiennent constamment en mouvement. Ajoutez à cela leur grand nombre, et l'état de souffrance où les plongent d'une part les vicissitudes inévitables du commerce, et de l'autre, le perfectionnement des machines, qui, en multipliant le travail, rendent une quantité de bras inutiles, et vous concevrez combien les insurrections populaires sont faciles et dangereuses dans un pays où se trouvent, pour ainsi dire, en présence toutes les richesses de l'Univers et tant d'élémens de désordre. En Angleterre, la force des prolétaires est tellement imposante, notamment dans les cantons manufacturiers, que la moindre dissension sérieuse qui viendrait à éclater entre les grands propriétaires, ou l'aristocratie, et les moyens propriétaires, ou le tiers-état, suffirait pour livrer le pays au pillage et à un effroyable bouleversement. On sent, dans un pareil état de choses, combien il importe aux propriétaires de mettre de côté toute rivalité politique, et de se concerter ensemble pour la défense et la sécurité commune. On ne peut nier que cette situation sociale ne soit neuve et sans exemple dans l'histoire des nations.

On nous pardonnera de nous être étendus avec autant de détail sur ce qui a rapport à l'Angleterre. L'usage où l'on est en France de citer sans cesse ce qui s'y fait, comme une autorité d'un grand poids, nous a imposé l'obligation d'établir exactement quel est l'état politique de ce pays.

FIN.

Erratum.

Page 139, ligne 11 : *au lieu de*, et contre l'aristocratie, *lisez :* et non contre l'aristocratie.

DE L'IMPRIMERIE DE DENUGON.

www.ingramcontent.com/pod-product-compliance
Ingram Content Group UK Ltd.
Pitfield, Milton Keynes, MK11 3LW, UK
UKHW020146200726
13856UKWH00003B/865

9 782011 750235